TEORIA DOS DIREITOS CULTURAIS

SERVIÇO SOCIAL DO COMÉRCIO
Administração Regional no Estado de São Paulo

Presidente do Conselho Regional
Abram Szajman
Diretor Regional
Danilo Santos de Miranda

Conselho Editorial
Ivan Giannini
Joel Naimayer Padula
Luiz Deoclécio Massaro Galina
Sérgio José Battistelli

Edições Sesc São Paulo
Gerente Iã Paulo Ribeiro
Gerente adjunta Isabel M. M. Alexandre
Coordenação editorial Cristianne Lameirinha, Clívia Ramiro, Francis Manzoni
Produção editorial Thiago Lins
Coordenação gráfica Katia Verissimo
Produção gráfica Ricardo Kawazu
Coordenação de comunicação Bruna Zarnoviec Daniel

Coleção Sesc Culturas
Coordenação Marta Colabone
Organização Iã Paulo Ribeiro

TEORIA DOS DIREITOS CULTURAIS

FUNDAMENTOS E FINALIDADES

Humberto Cunha Filho

edições sesc

© Humberto Cunha Filho
© Edições Sesc São Paulo, 2018
Todos os direitos reservados

Preparação Elen Durando
Revisão Elba Elisa de Souza Oliveira e Karinna A. C. Taddeo
Projeto gráfico e diagramação Erika Tani Azuma e Rodrigo Disperati | Collecta Estúdio

2ª edição, 2020

Dados Internacionais de Catalogração (CIP)

C9146t   Cunha Filho, Francisco Humberto

Teoria dos direitos culturais: fundamentos e finalidades / Francisco Humberto Cunha Filho. – São Paulo: Edições Sesc São Paulo, 2018. –

176 p.

ISBN 978-65-86111-10-1

1. Direito. 2. Direitos culturais. 3. Cidadania. I. Título.

CDD 340

Edições Sesc São Paulo
Rua Serra da Bocaina, 570 - 11º andar
03174-000 - São Paulo SP Brasil
Tel. 55 11 2607-9400
edicoes@sescsp.org.br
sescsp.org.br/edicoes
/edicoessescsp

SUMÁRIO

Apresentação Danilo Santos de Miranda 7
Introdução 9
Introdução à segunda edição 15

1. Compreensões preliminares 17
    A relação entre a cultura e o direito 17
    Definindo cultura em função do seu estado jurídico 21
    Direitos culturais 27
    Diferenciações necessárias 33
        Culturalismo jurídico, multiculturalismo e direitos culturais 33
        Direito à cultura, direito da cultura e direitos culturais 34

2. Direitos culturais como direitos humanos e fundamentais 37
    A noção do que seja um direito 37
    Direitos humanos e direitos fundamentais 38
    A hierarquia dos direitos como pressuposto da definição de
    um núcleo fundamental 41
    Direitos fundamentais 44
    A fundamentalidade dos direitos culturais 46
    O sistema de garantias dos direitos culturais 50
    Localização dimensional: a presença dos direitos culturais
    nas diversas "gerações" de direitos 54

3. Os princípios constitucionais culturais 59
    Princípio ou princípios? 59
    Características dos princípios 60
    A Carta de Princípios 65
    Os princípios explicitados pela Constituição Federal 68
    Os princípios inferíveis a partir da Constituição Federal 69
    Os princípios constitucionais culturais 72

4. Os direitos culturais como garantia de autonomia do campo cultural 79
    A ideia de representação política 80

A ideia da representação de interesses 85
Os precedentes da representação de interesses 85
Abrangência da representação de interesses 91
Paradigmas da representação de interesses no direito brasileiro vigente 92
Representação de interesses do setor cultural na Constituinte de 1987-1988 94
A explicitação da representação de interesses do segmento
cultural no direito positivo vigente 95
A histórica busca de autonomia do segmento cultural 97
A gestão autônoma da cultura e o respeito à vontade geral 99
O segmento cultural e a sua produção autônoma de normas 100
    A cultura e a administração dos próprios interesses 101
    A cultura e seus "tribunais" 102

5. Cidadania como imagem e reflexo dos direitos culturais 105
Cidadania na Constituição e na doutrina 106
Cidadania cultural 110
Cidadania cultural no direito brasileiro 115
    Alguns pressupostos ao exercício da cidadania cultural 118
    Entraves institucionais 120
    Ampliação das potencialidades da cidadania cultural 122

6. A positivação dos direitos culturais no Brasil 129
Direitos culturais na normatividade constitucional brasileira 130
Os dogmas culturais constitucionais 134
    Diversidade cultural com resguardo de elementos identitários 135
    Liberdade criativa e de expressão com responsabilidades pessoais 138
    O pertencimento simultaneamente difuso, comunitário e
    individual do patrimônio cultural 140
    Reconhecimento da propriedade intelectual em equilíbrio
    com a sua função social e com a sua natureza cultural 142
Responsabilidade constitucional pela efetivação dos
direitos culturais 144
Os procedimentos constitucionais culturais 147

7. Direitos culturais e políticas públicas 151
Um embate histórico 151
Políticas culturais: ter ou não ter? 152
Direitos culturais: gerações e políticas públicas 156
Direitos e políticas culturais na Constituição de 1988 159
As normas culturais e a demanda por políticas públicas 163
Autonomia e retroalimentação 167

Referências bibliográficas 168
Sobre o autor 175

APRESENTAÇÃO

CIDADANIA PLURAL

As demandas sobre os direitos ganharam relevância ao longo da história, notadamente a partir da segunda metade do século XX e início do atual milênio. Nesse processo, aspectos que anteriormente não eram compreendidos como direitos passam a ser vistos sob esse prisma a partir de movimentações sociais diversas.

É dentro dessa perspectiva que faz sentido falarmos atualmente sobre direitos culturais. Trata-se de um assunto que se tornou premente com o passar do tempo: entender a cultura como patrimônio de todos expressa uma compreensão relativamente recente. Até poucas décadas atrás, a expressão "cultura" possuía uma acepção radicalmente diferente da atual: referia-se a uma espécie de signo de distinção social que dizia respeito a alguns extratos sociais. Esse cenário modificou-se aos poucos. Hoje é impensável admitir que a existência humana esteja desvinculada de uma vida cultural; convencionou-se denominar isso como significado antropológico de cultura.

Ao longo de tais dinâmicas, enfatizou-se um entendimento de cultura tendo por base as relações dos indivíduos e coletividades com o simbólico, que se refletem nos seus modos de ser, conviver e se expressar.

Parece evidente que esse alargamento do sentido de cultura é coerente com a própria trajetória dos seres humanos em busca de uma concepção menos desigual e mais democrática de existência. Não por acaso, a Constituição Federal promulgada em 1988, formalmente comprometida com ideais de cidadania, trouxe, pela primeira vez, a expressão "direitos culturais".

No período que se seguiu à sua aprovação até o presente momento, é possível observar o crescimento do debate em torno das políticas públicas para a cultura. Quais os seus âmbitos de atuação? A quem elas se referem? Como reconhecem a transversalidade da cultura ao estabelecer sinergia com outras esferas de ação humana, como a educação, a política, a filosofia, a ciência, entre outras?

Ganham relevo, nessa toada, especificidades do chamado campo cultural. Nesse quesito enquadram-se os esforços no amadurecimento de áreas como a gestão cultural, bem como o reconhecimento da importância e complexidade crescentes do tema dos direitos autorais.

Neste livro, tendo como base a Carta Magna, Francisco Humberto Cunha Filho, um dos principais especialistas do assunto no país, detalha aspectos como as definições de cultura e direito, bem como as relações entre ambos, além da análise dos princípios constitucionais culturais existentes no Brasil, conduzindo o debate na direção do exercício da cidadania. Com o intuito de subsidiar o debate sobre o tema, o autor propõe-se analisar seus fundamentos e finalidades.

Para o Sesc São Paulo, essa iniciativa contribui para a qualificação de um território em constante mutação, na medida em que o campo cultural deve obrigatoriamente ser pensado em relação ao universo humano. Relaciona-se, em paralelo, com o aprimoramento profissional daqueles que se dedicam às ações culturais e que encontram nelas os meios para pensar e influenciar a realidade do país.

Danilo Santos de Miranda
Diretor do Sesc São Paulo

INTRODUÇÃO

Dentre os meus trabalhos já publicados, dois livros merecem especial destaque: *Direitos culturais como direitos fundamentais no ordenamento jurídico brasileiro* (2000) e *Cultura e democracia na Constituição Federal de 1988: a representação de interesses e sua aplicação ao Programa Nacional de Apoio à Cultura* (2004). Essas obras resultaram, respectivamente, da minha dissertação de mestrado, defendida na Universidade Federal do Ceará (UFC), e da minha tese de doutoramento, na Universidade Federal de Pernambuco (UFPE). Embora tenham sido marcos de importantes fases do meu percurso acadêmico, ambas se mostraram mais úteis nos anos que se seguiram, pois foram usadas como instrumento para ações e debates relativos aos direitos culturais.

Uma dessas ações foi a criação, em 2007, na Universidade de Fortaleza (Unifor), da primeira cadeira específica de que se tem notícia no Brasil, confiada à minha regência, abordando em sua uni/diversi/dade os direitos culturais, em duas versões, com focos e métodos próprios para a graduação e para a pós-graduação *stricto sensu* (mestrado e doutorado). Como decorrência da cátedra, surgiram pesquisas, eventos, monografias, dissertações e teses que naturalmente se aprofundaram na temática e foram acompanhando e até influenciando as mudanças que os direitos culturais sofreram na última década, em virtude de alterações encetadas nos campos da política e do direito.

Formados bacharéis, especialistas, mestres e doutores que tiveram aproximação com o tema, outras instituições de ensino superior às quais se filiaram também começaram a ofertar a matéria a seus alunos e, em decorrência, a necessitar de material bibliográfico para o suporte teórico respectivo. Certamente por essa razão, com considerável frequência, distintas pessoas me instam a reeditar os livros citados acima e, de fato, pensei seriamente em fazê-lo, chegando a me debruçar sobre cada um dos textos para refletir sobre como atualizá-los e talvez ampliá-los. No entanto, desisti da empreitada, ao menos momentaneamente, por algumas razões.

A primeira delas surgiu quando me dediquei a pensar mais detidamente sobre o núcleo essencial de cada livro, o que me fez perceber ali certo desgaste, provocado pelo tempo e pelos fatos, sempre inclementes. Não se pode negar que a compreensão da fundamentalidade dos direitos culturais no alvorecer do século XXI é bem diferente, se comparada com a da sua segunda década: lá era preciso afirmar, agora é preciso materializar. No mesmo sentido, se o Pronac foi, em seus primórdios, o protagonista das políticas culturais, transformou-se numa espécie de déspota constantemente ameaçado de morte, de banimento ou da supressão de seus poderes. Em síntese, não caberia uma simples atualização, mas um redimensionamento de enfoques que entendi ser prematuro levar a efeito diante da necessidade de maturação de elementos potencialmente surgidos, como o Sistema e o Plano Nacional de Cultura e o conjunto de propostas de alterações que tramitam sobre a legislação brasileira de fomento à cultura.

Outro ponto da reflexão fez perceber o aspecto híbrido das obras que originalmente pretendia retrabalhar, visto que uma parte delas era teórica e a outra, de aplicação da teoria, deixando transparecer que a epistemologia desenvolvida em cada uma era excessivamente tópica por supostamente ter serventia limitada às situações sob estudo. Assim, a construção de uma obra que abordasse especificamente os direitos culturais, em sua dimensão teórica e genérica, não estaria atendida. Por isso, desviei a rota, também por entender que, mesmo diante da indissociabilidade entre os aspectos teóricos, práticos e institucionais dos direitos culturais, nessa fase inicial de reconhecimento e construção, conhecê-los separadamente e de forma intensa, na medida do possível, fortalece o conjunto.

Nesse contexto, evidenciou-se fortemente que os direitos culturais são mais conhecidos a partir da sua práxis e pelas instituições a eles relacionadas que por sua teoria. Confirma esse entendimento os fartos estudos sobre alguns deles, como os direitos autorais, os incentivos fiscais à cultura, o tombamento, as estruturas administrativas, como ministério, secretarias e conselhos. Esse é um estágio muito comum conhecido por ativismo e caracterizado pelo fato de que as práticas tomam a dianteira e as teorias aparecem como resultado de inferências das ações. Contudo, o ativismo apresenta, com considerável frequência, resultados semelhantes aos que surgem quando se permite que crianças brinquem com cristais, o que gera aprendizado ao elevado custo de muitos cortes na própria pele.

Efetivamente, não é fácil proceder de modo diferente, pois, mesmo já sendo conhecidos desde a primeira metade do século XX, Farida Shaheed, a primeira especialista independente no campo dos direitos culturais nomeada pelo Conselho de Direitos Humanos das Nações Unidas (ONU), ao responder em 2011 à pergunta "Que direitos podem ser classificados como culturais?", ancorou-se na relação dos que são pontualmente mencionados em documentos internacionais. Sem encontrar parâmetros teóricos para configurá-los, estabeleceu como uma das principais metas do seu mandato a de "pesquisar mais sobre como distinguir melhor os direitos humanos que podem ser considerados culturais e também como definir melhor o teor desses direitos de forma preliminar"[1]. Quase quatro anos depois, e com mandato renovado, não se tem notícia de que conseguiu realizar tão importante objetivo, o qual continua a ser ansiado por todos quantos têm interesse no tema.

O anseio em encontrar parâmetros teóricos tem sua raiz mais profunda no modo platônico de perceber a realidade, de larga utilização no Ocidente, em especial em áreas que realizam a subsunção dos fatos às normas, como a moral, a ética e o direito. Por tal método, em primeiro lugar o ser humano constrói parâmetros abstratos do que seria a conduta geral desejável, ou seja, cria uma norma ideal para, a partir dela, enquadrar os comportamentos e os fatos, que serão considerados perfeitos ou imperfeitos conforme o enquadramento no padrão pré-estabelecido. Assim, o conhecimento das normas de direito penal, por exemplo, pode ocorrer

---

[1] Teixeira Coelho, "O Novo Papel dos Direitos Culturais – Entrevista com Farida Shaheed", *in:* *Revista Observatório Itaú Cultural/OIC*, São Paulo: 2011, n. 11, pp. 19-20.

antes mesmo de o observador se deparar com uma delas em concreto, pois teoricamente já é consenso que todas elas versam sobre os crimes e as penas deles decorrentes. Há parâmetros próprios e gerais, isto é, uma definição prévia para quase todos os campos e disciplinas jurídicas, mas supostamente ainda não há para os direitos culturais. Por quê? Que falta isso faz? O que se ganharia com o preenchimento dessa lacuna? É possível supri-la? Como?

Apontar a razão ou o conjunto delas para explicar a inexistência de parâmetros teóricos que definam os direitos culturais só é possível por meio de hipóteses, pois, se os motivos fossem conhecidos, a questão seria facilmente solucionada quando se dirigissem esforços para resolvê-la. Desse modo, é bem provável que a dificuldade tenha raiz na própria cultura, campo movediço que abriga os direitos culturais e que é tão variável como todas as possibilidades humanas, tão dominável como o vento, tão atingível como a linha do horizonte. O que é ilimitado, pluriforme e multissubstancial é, por natureza, indefinível, daí a conclusão, um tanto desoladora para quem tem ambições universalistas, de que somente a partir de recortes e congelamentos é possível definir a cultura e os direitos dela decorrentes.

Essa constatação, porém, não deve ser desestimulante, pois apenas evidencia uma característica, já fartamente percebida: a da peculiaridade dos direitos culturais. Buscar parâmetros teóricos para defini-los, mesmo a partir de arbitramentos semióticos, linguísticos e cronológicos, por exemplo, é algo muito importante, seja para conferir normalidade procedimental ao campo, se a jornada for bem-sucedida, seja para construir de forma livre seus próprios métodos de autocompreensão e apreensão da realidade, se se mostrar inviável. Pessoalmente, creio que a construção teórica de parâmetros definidores dos direitos culturais seja uma necessidade, sobretudo numa sociedade que almeja ser regida por critérios democráticos. Assim também o tratamento jurídico igualitário entre as pessoas, a não ser nos casos em que a desigualdade ou outra forma de diferenciação se mostrem admissíveis na própria regra democrática originalmente construída.

O preenchimento dessa lacuna demanda, por óbvio, conhecimentos técnicos de alguns campos, como o cultural e o jurídico, mas neles não pode se aprisionar, tal como gostariam certos hermeneutas da superficialidade que buscam inutilmente no positivismo mais primário seu porto seguro, quando refutam a presença de elementos subjetivos em um universo que perde seu sentido de ser se deles for desprovido. A patologia oposta também deve ser recriminada, pois consiste em adotar uma definição de ocasião sem considerar fatores de estabilização e unidade, indispensáveis às reflexões científicas. Equilíbrio e justa medida são, portanto, elementos indispensáveis à empreitada.

Munido dessas reflexões inquietantes, resolvi externar de forma renovada o entendimento que desenvolvi sobre a questão ao longo de quase uma década e meia. E assim surgiu o presente livro, que denominei de *Teoria dos direitos culturais: fundamentos e finalidades*, por razões que ficarão um pouco evidentes com a descrição sintética de sua estrutura: a obra é composta por seis capítulos que tratam dos conceitos, da principiologia, da fundamentalidade, da positivação, da autonomia e da cidadania.

De início, devo dizer que o peso atualmente carregado pela palavra *teoria*, vista quase como sinônima de algo complicado, abstrato e excessivamente fluido, é de poucos gramas aqui, uma vez que este trabalho é simplesmente uma sistematização do conhecimento sobre os direitos culturais. Também não há complicação na dimensão jurídica, pois sei que a reunião de dois campos tão complexos como o direito e a cultura demandam aproximações que exigem uma postura bem semelhante à do bom tradutor, que junta as pessoas por promover o entendimento contextualizado das palavras por elas proferidas em distintos idiomas.

A ideia de explorar os fundamentos e as finalidades dos direitos culturais, no estudo de sua teoria, agrega-se ao entendimento da retroalimentação, comum tanto à cultura como ao direito, consistente no fato de que as mudanças culturais e jurídicas geram sempre mais cultura e direito, embora nem sempre os desejáveis. Para esse hipotético controle de qualidade, é indispensável conhecer os valores e o instrumental posto à disposição dessa finalidade.

É por isso que o livro está estruturado para, em primeiro lugar, fixar a base da linguagem comum por meio de um capítulo conceitual. O capítulo seguinte busca entender a fortaleza jurídica dos direitos estudados, investigando se são fundamentais no sistema de hierarquias e garantias jurídicas. A ele segue o da principiologia, que busca evidenciar os valores de regência dos direitos culturais que balizam suas relações, inclusive as inovadoras.

Relativamente às finalidades intrínsecas aos direitos culturais, duas foram destacadas em capítulos próprios. A primeira delas tem natureza interna ao sistema idealizado de autonomia da cultura, somente exequível se houver um plexo de direitos culturais que a assegure. A outra finalidade se projeta para o seio da sociedade e faz com que os direitos culturais mostrem a sua grandiosidade teleológica: como quaisquer direitos, precisam ser úteis às coletividades que os reconhecem, ou seja, é imperioso cumprirem função social que, em última análise, materializa-se quando auxiliam no bom desenvolvimento da cidadania, assim, sem complementos, ou adjetivada com a expressão *cultural*.

Para finalizar, o último capítulo apresenta a retroalimentação da teoria, que está contemplada com o estudo da positivação em seu estado dinâmico, encontrada nos entendimentos de legisladores, julgadores e doutrinadores sobre a temática.

INTRODUÇÃO À SEGUNDA EDIÇÃO

Apenas um ano e meio após a primeira edição deste livro, senti grande prazer em preparar a segunda, em face das coisas boas que ela simboliza: a aceitação dos leitores, a adoção da obra em algumas universidades, a citação de trechos seus em trabalhos acadêmicos e em decisões judiciais, a boa acolhida em eventos jurídicos e culturais, tanto no Brasil como no exterior.

Tudo isso me fez sentir profundamente grato a todas as pessoas e instituições que colaboraram para esse resultado, com destaque para o voto de confiança que recebi da minha editora. Busco, aqui, materializar essa gratidão com pequenos ajustes e atualizações no texto dos seis capítulos originários, sempre na busca de maior clareza e precisão das ideias que desejo comunicar.

A principal novidade desta segunda edição consiste no acréscimo de um capítulo, o sétimo, intitulado "Direitos culturais e políticas públicas", caracterizado por dialogar com os demais que o antecedem, dando-lhe novos enfoques e os redimensionando ampliativamente. Esse novo capítulo, embora conserve a dimensão teórica que permeia toda a obra, apresenta-se como uma antessala da transmudação – ou as dificuldades para tanto – dos referidos direitos, enquanto aspirações sociojurídicas, em atos e fatos.

Desejo muito que este trabalho continue a permitir o diálogo com os interessados na temática, pois foi feito com o propósito de ajudar na consolidação acadêmica e social dos direitos culturais, um campo ainda esquecido e negligenciado, mas indispensável a um mais maduro e consistente usufruto de todos os direitos humanos.

1. COMPREENSÕES PRELIMINARES

A RELAÇÃO ENTRE A CULTURA E O DIREITO

Falar sobre as aproximações e os distanciamentos entre cultura e direito pressupõe detectar o ponto inicial do encontro entre ambos, uma vez que não há relação sem algum tipo de contato. Nesse tema, é bastante frequente a afirmação de que o direito é um produto cultural, o que significaria então que a cultura o precede. Mas esse entendimento é de todo correto? A cultura não se configuraria também como produto do direito? Embora simples, as duas questões instigam uma busca por respostas, no sentido de se compreender qual dos dois surgiu primeiro, pois, se um precede ao outro, encontra-se aí forte evidência de que o mais novo resulta do que lhe antecedeu.

Para os que defendem a anterioridade da cultura em relação ao direito, tomando por base a explicação judaico-cristã relativa ao surgimento da humanidade, a criação de Adão teria determinado o início da cultura, sendo ela, portanto, anterior ao direito. Isso porque, estando o primeiro homem sozinho, ele não poderia se relacionar com nenhum outro, o que tornaria dispensável e inócua a existência do direito, cujo grande objetivo é disciplinar as relações entre as pessoas. Segundo esse ponto de vista, somente após a criação de Eva poder-se-ia falar do campo das normas.

Já para os que defendem o surgimento do direito não em momento anterior, mas simultaneamente ao advento da cultura, não seria difícil refutar esse argumento. Eles têm por convicção que também só se pode falar em cultura nos ambientes em que a presença humana é plural, pois seu sentido de ser reside no aprimoramento, na transmissão e na partilha de saberes e fazeres. Tal raciocínio está sintetizado no brocardo *ubi societas ibi jus*, ou seja, onde há sociedade, há direito. Aliás, segundo Hannah Arendt, havendo apenas um homem no mundo, sequer se poderia falar no antecedente lógico da cultura, que é a humanidade:

> UM HOMEM QUE TRABALHASSE E FABRICASSE E CONSTRUÍSSE NUM MUNDO HABITADO SOMENTE POR ELE MESMO NÃO DEIXARIA DE SER UM FABRICADOR, MAS NÃO SERIA UM *HOMO FABER*: TERIA PERDIDO SUA QUALIDADE ESPECIFICAMENTE HUMANA E SERIA, ANTES, UM DEUS – CERTAMENTE NÃO O CRIADOR, MAS UM DEMIURGO DIVINO COMO PLATÃO O DESCREVEU EM UM DE SEUS MITOS. SÓ A AÇÃO É PRERROGATIVA EXCLUSIVA DO HOMEM; NEM UM ANIMAL NEM UM DEUS É CAPAZ DE AÇÃO, E SÓ A AÇÃO DEPENDE INTEIRAMENTE DA CONSTANTE PRESENÇA DOS OUTROS[1].

Ademais, contra a convicção de que o primeiro homem já carregaria, ainda que isoladamente, a essência da humanidade, da mesma forma que uma única gota d'água é representativa da substância do mais agigantado oceano, outras correntes jurídicas poderiam argumentar com a ideia de *direito natural*, aquele que cada ser humano possui pelo simples fato de pertencer a essa espécie, ou de *direito divino*, representado tanto pela proibição de se comer os frutos da árvore do conhecimento do bem e do mal como pelo previsível castigo, ambos estabelecidos por Deus.

O direito, portanto, não tem como reivindicar anterioridade em relação à cultura, mas é razoável que queira ser seu contemporâneo e que busque provar uma relação tão intensa a ponto de lembrar o mito dos gêmeos[2], os quais sentem os reflexos um do outro por atos praticados individualmente. Isto é, o que se faz na cultura repercute no direito e vice-versa.

---

[1] Hannah Arendt, *A condição humana*, Rio de Janeiro: Forense Universitária, 2008.

[2] Ao discorrer sobre Ártemis e Apolo e outras parelhas fraternas, como Castor e Pólux, Etéocles e Polinice, Rômulo e Remo, Brandão lembra que "os gêmeos, não importa o sexo da dupla, são o símbolo geral da dualidade na semelhança e até mesmo na identidade, porque estampam a imagem de todas as oposições exteriores e interiores, complementares ou contrárias, absolutas ou relativas, que se transformam numa tensão criadora" (Junito de Souza Brandão, *Mitologia grega*, Petrópolis: Vozes, 2009, p. 84).

O entendimento dessa íntima relação gerou, por exemplo, o *culturalismo jurídico*[3], no cerne do qual o direito só pode ser adequadamente compreendido se observadas as variantes fato-valor-norma. Isso traduz a ideia de que as prescrições jurídicas adquirem significado real quando interpretadas de forma que sejam sopesados os eventos sobre os quais atuam, bem como a importância (o valor) que sobre eles (fatos e prescrições) jogamos. Em outras palavras, o direito depende da cultura que o cerca. Por outro lado, não se pode ignorar elementos como força, vanguarda e conservadorismo, presentes tanto no mundo cultural como no jurídico, que suscitam, não raro, uma conclusão inversa: a cultura sofre as influências do direito.

Tais movimentos acontecem porque essa condição de gêmeos siameses, como é previsível, oscila entre o conformismo frente àquilo que não pode ser mudado e a extrema rebeldia em relação à opressão que a presença perpétua de um provoca no outro. Por isso, com insistente frequência, cultura e direito também se digladiam, cada um buscando seu reinado absoluto, tentando reservar ao suposto *oponente*, quando muito, a condição de serviçal. A cultura, por vezes, almeja aniquilar a vitalidade do direito quando, arguindo hábitos consolidados, tenta petrificar o modo de viver. O direito, por seu turno, reitera, de tempos em tempos, a prática de aprisionar e amordaçar a cultura sob o esdrúxulo fundamento de que ela carrega em seu âmago o vírus destruidor da coerência e da pacificação sociais[4].

Note-se que os encontros e desencontros referidos contemplam o direito e a cultura em suas dimensões mais abstratas e gerais. Um plano mais específico, porém, deve ser enfocado, qual seja, o âmbito de atuação dos

---

[3] O tema será mais explorado adiante, inclusive com referências doutrinárias.

[4] Certamente um dos textos mais célebres sobre esse embate é de Rousseau: "Com efeito, tanto ao folhear os anais do mundo como ao suprir crônicas incertas com pesquisas filosóficas, não se encontra uma origem dos conhecimentos humanos que corresponda à ideia que a respeito gostamos de formar. A astronomia nasceu da superstição; a eloquência, da ambição, do ódio, da adulação, da mentira; a geometria, da avareza; a física, de uma vã curiosidade; todas, e a própria moral, do orgulho humano. As ciências e as artes devem seu nascimento aos nossos vícios: duvidaríamos menos das suas vantagens, se o devêssemos às nossas virtudes" (J-J. Rousseau, *Discurso sobre as ciências e as artes*. Disponível em: <http://www.dominiopublico.gov.br/pesquisa/DetalheObraForm.do?select_action =&co_obra=2242>. Acesso em: ago. 2017).

órgãos públicos de cultura, gerenciadores das políticas culturais. Nesse domínio, observa-se um crescente aumento de criação de normas, o qual reflete a importância da cultura em muitas searas, desde aquelas atinentes ao aprimoramento dos espíritos até as do desenvolvimento econômico.

A criação de tantas normas suscita o particular questionamento sobre sua conveniência, adequação e utilidade para a cultura, um campo regido, segundo a Constituição brasileira, justamente pelo princípio da liberdade: "é livre a expressão da atividade intelectual, artística, científica e de comunicação, independentemente de censura ou licença" (Art. 5º, IX). Essa preocupação, aliás, figura no pensamento de Norberto Bobbio, que enxerga uma proporcionalidade inversa na fórmula: quanto mais direitos individuais são reconhecidos, menos liberdades se tem[5]. Isso equivale a dizer que, na mesma intensidade com a qual o Estado legisla, as obrigações são criadas, e, por conseguinte, restringe-se o raio de escolha das pessoas.

A advertência, no entanto, precisa ser contextualizada: a liberdade cultural protegida pela Constituição brasileira assenta-se, sobretudo, nas atividades que envolvem as ideias de criação e expressão, as quais, diante da carência de recursos, tornam-se credoras de meios materiais, inclusive pecuniários, para que se materializem. Essa atuação corretiva das desigualdades constitui responsabilidade do Estado que, para desempenhar seu papel, precisa de ferramentas adequadas, estando a lei entre as principais. É por isso que, na mesma intensidade do avanço da democracia, busca-se combater as desigualdades materiais a partir da atuação do Estado, o qual somente pode agir nos casos em que está autorizado pela lei (princípio da legalidade), razão pela qual as normas se avolumam. Portanto, a legislação cultural produzida somente merece reprimenda se e na medida em que afete as liberdades de criação e expressão, devendo, em sentido oposto, ser aplaudida quando cria instrumentos que favoreçam tais ações.

Vê-se, pois, serem inseparáveis o direito e a cultura tanto quanto são inevitáveis os choques entre ambos, mas também mutuamente dependentes

---

[5] Norberto Bobbio, *A era dos direitos*, Rio de Janeiro: Elsevier, 2004, p. 15.

e complementares, levando à conclusão de que um não somente necessita como até demanda a existência do outro como parte da própria vitalidade.

DEFININDO CULTURA EM FUNÇÃO DO SEU ESTUDO JURÍDICO

Geralmente a doutrina, ao abordar determinado assunto, define os principais termos e expressões que o constituem, a fim de que a comunicação com o leitor se estabeleça sem atropelos. Com o tema "cultura", porém, essa atitude não ocorre com o trabalho daqueles que, por exemplo, comentam a nossa Constituição Federal. Juristas renomados e notoriamente prolixos, ao se depararem com dispositivos sobre o tema, não lhe dedicam mais que algumas linhas, as quais, na verdade, seriam dispensáveis por conterem uma reprodução quase literal das normas comentadas[6]. Certamente o fazem confiantes de que tudo o que era necessário dizer sobre o assunto já foi explorado nos compêndios de sociologia ou de antropologia jurídica, precisamente no clássico capítulo sobre "cultura e direito".

Resta o questionamento de quem deseja ter fontes de pesquisa para desenvolver o assunto como investigação jurídico-científica: é por ser tão óbvia assim a definição de cultura que nela não querem se delongar nossos doutrinadores? Ou dela pouco se ocupam os doutos nas letras jurídicas por não ser algo, até o presente momento, de grande importância para o mundo do direito? Haveria outros motivos?

Uma reflexão, mesmo pouco profunda, dá conta de que nada deve ser cientificamente desconsiderado, ou ficar isento de investigação, sob pena de se estabelecer com tal objeto uma relação dogmática, nociva à verdade e ao desenvolvimento científico e humano. Tanto é assim que se encontra irremediavelmente abalado o axioma latino *in claris cessat interpretatio* (na

---

[6] Wolgran Junqueira Ferreira, por exemplo, ao comentar o § 1º do Art. 215 da CF/88, cujo texto literalmente diz "O Estado protegerá as manifestações das culturas populares, indígenas e afro-brasileiras, e das de outros grupos participantes do processo civilizatório nacional", limita-se a dizer que "também este parágrafo contém uma regra programática. Diz que o Estado protegerá em sua integridade e desenvolvimento as manifestações da cultura popular, indígena, as de origem africana e de outros participantes do processo civilizatório brasileiro" (W. J. Ferreira, *Comentários à Constituição de 1988*, São Paulo: Julex Livros, 1989, p. 1093).

clareza, cessa a interpretação), construído a partir da equivocada convicção de que algumas coisas são tão evidentes que dispensam interpretação.

Com base nesse pensamento, fica evidenciada a importância de se ter parâmetros claros do que se compreende por cultura, conceito essencial para o desenvolvimento deste tópico, que tem por fito abordar o tema sob o prisma da relação entre cultura e direito. Deve-se advertir, de início, que "cultura" é um termo polissêmico, utilizado em diferentes contextos e com diferentes significados, às vezes até mesmo contrários ou contraditórios. Entretanto, não se pretende, a partir do ponto de vista a ser adotado, delimitar um entendimento único ou estabelecer uma expropriação da posse difusa e popular da palavra, mas apenas nortear uma compreensão de cultura que interesse ao mundo do direito.

Os significados mais correntes atribuídos ao termo, utilizando-se um critério crescente de abrangência dos seres e eventos abarcados por ele, podem ser simplificados em seis grandes núcleos, a saber:

1) aquele que se reporta ao *conjunto de conhecimentos de uma única pessoa*; mais utilizado para se referir aos indivíduos escolarizados, conhecedores das ciências, línguas e letras, embora, ultimamente, também se direcione a focar o saber do dito homem popular;

2) um segundo núcleo que confunde *expressões como arte, artesanato e folclore, como sinônimas de cultura*, algo que muito lembra figuras da linguagem como a sinédoque e a metonímia, uma vez que se percebe claramente a substituição do todo pela parte, do continente pelo conteúdo;

3) outro, de viés marcadamente antropológico e sociológico, que concebe *cultura como o conjunto de crenças, ritos, mitologias e demais aspectos imateriais de um povo*;

4) mais um que direciona o significado de *cultura para o desenvolvimento e acesso às mais modernas tecnologias*;

5) ainda o que distingue *o conjunto de saberes, modos e costumes de uma classe, categoria ou de uma ciência* (cultura burguesa, cultura dos pescadores, cultura do Direito...);

6) por último, nesta modesta lista⁷, aquele vinculado à antropologia em sua dimensão mais abrangente, que se reporta a *toda e qualquer produção material e imaterial de uma pessoa ou coletividade específicas, ou até mesmo de toda a humanidade.*

Se bem reparado, insiste-se, as compreensões apontadas para o termo *cultura* partem do indivíduo, passeiam por sua produção intelectual e material, assim como as relações interpessoais, chegando ao conjunto integral da humanidade. Haveria erro em todas as que foram apresentadas? Alguma é plenamente satisfatória para definir cultura? Ou essa definição viria melhor de uma miscelânea?

Não são dispensáveis as respostas às questões apresentadas, pois, como é pensamento corrente, cultura é tema de preocupação particular das ciências sociais (o direito inclui-se nesse rol), e seu conceito para elas é tão importante que pode ser comparado às noções de evolução e gravidade para a biologia e a física, respectivamente. A tarefa de defini-la, bem se vê, é árdua, mas o enfrentamento faz-se necessário para que se possa compreender os significados da palavra *cultura* segundo as utilizações e os reflexos que provocam no mundo jurídico, diferenciando-os de outros campos do saber, e até mesmo conhecendo as distintas semânticas existentes no mundo do direito.

Em termos etimológicos, *cultura* é uma palavra de origem latina extraída do verbo *colère*, que significa "cultivar, cuidar de, tratar". Originariamente, designava o que hoje é facilmente compreendido pelo termo *agricultura*: "lavoura, cultivo dos campos". Posteriormente, passou a significar

---

[7] "Segundo estimativa dos culturólogos americanos Kroeber e Clyde Kluckhohn, nos anos 1950 havia 164 definições de cultura e, segundo A. Moles, nos anos 1970 já existiam 250" (I. Savranski, *A cultura e as suas funções*, Moscou: Progresso, 1986, p. 5). Há quem diga que "naquela época não deveria haver mais do que esse número de antropólogos no mundo afora! Por conseguinte, hoje as contaríamos em milhares, mesmo porque cultura não é assunto circunscrito a antropólogos e filósofos, mas está, por assim dizer, na boca do povo" (Mércio Pereira Gomes, *Antropologia: ciência do homem, filosofia da cultura*, São Paulo: Contexto, 2014, p. 33).

"instrução, conhecimentos adquiridos"[8]. A designação grega de cultura é feita por dois vocábulos: *georgia* (lavoura) e *matema* (conhecimentos adquiridos). Entre os helenos, *cultura* era toda ação humana executada sobre a *natura* (physis). A *natura* ou natureza, por sua vez, existe independentemente do homem.

Temporalmente mais próximo, em 1793, o dicionário *Adelung* apresentou a palavra alemã *Kultur* com o significado de "enobrecimento, refinamento das forças espirituais e materiais do homem ou de um povo". Paralelamente, foi difundido o termo francês *civilisation*, expressando conteúdo idêntico. Cabe dizer, no entanto, que o vernáculo da pátria de Robespierre deriva de "civil", ou seja, que pertence ao cidadão. Desde essa época, cultura e civilização, não raro, são utilizadas como se fossem sinônimas[9].

Pode-se notar que a significação original do termo *cultura* diz respeito à intervenção do homem no ambiente natural. Posteriormente, agregou-se a ideia de refinamento progressivo dessa intervenção, incluindo aí o interesse pelas artes, pela ciência, pela filosofia, enfim, por tudo o que o homem vem produzindo ao longo da história. Esse aspecto é tão forte que um estudioso do tema mostrou-se convicto de que "a mais antiga e a mais recente obra do homem é a cultura"[10].

Feitas essas considerações, sobrou algo ao mesmo tempo gigantesco e microscópico, que envolve a todos e a tudo que pode ser creditado ao ser humano, nas particularidades e no que é universal, surgido com o homem e que atravessará os tempos enquanto ele existir: a cultura, essa hipotética bolha que se alarga na mesma proporção em que se ampliam os horizontes, incluindo-se aí os bens materiais e imateriais, as tecnologias, as ciências, as espiritualidades, a ética e o próprio direito. Portanto, "há um

---

[8] Cf. verbete "cultura" na *Enciclopédia Mirador Internacional*, v. 7, São Paulo/Rio de Janeiro: *Encyclopædia Britannica do Brasil*, 1986, p. 3107. Cf. também António Gomes Ferreira, *Dicionário de latim-português*, Porto: Porto Editora, 1966, p. 250. Cf, ainda, Antônio Houaiss e Mauro de Salles Villar: *Dicionário Houaiss da língua portuguesa*, Rio de Janeiro: Objetiva, 2001, p. 888.

[9] Cf. verbete "cultura", *Enciclopédia Mirador Internacional, op. cit.*, p. 3107.

[10] Waldenyr Caldas, *O que todo cidadão precisa saber sobre cultura*, São Paulo: Global, 1986, p. 9.

sentido em dizer que tudo o que é cultural é humano e tudo que é humano é cultural"[11].

É bem verdade que esse superdimensionamento da cultura, atribuído originariamente ao Iluminismo pré-Revolução Francesa, sofre enfrentamentos explícitos e diretos de quem, como Teixeira Coelho, sustenta que "Cultura não é o todo. Nem tudo é cultura. Cultura é uma parte do todo, e nem mesmo a maior parte do todo – hoje. A ideia antropológica segundo a qual cultura é tudo não serve para os estudos de cultura, menos ainda para os estudos e a prática da política cultural"[12]. No mesmo sentido e quiçá com mais razão, como adiante se aprofunda, o mesmo acontece quando se observa a cultura pelo prisma do direito, cuja estrutura é sedimentada na ideia de limites. Não obstante, compreendida em sua dimensão ampla ou na mais restrita, a cultura é dotada de uma espécie de ubiquidade, o que deveria lhe render diferenciado e elevado prestígio; contudo, em diversos campos das relações, verifica-se exatamente o oposto, ou seja, a depreciação, duramente constatada por José Luis dos Santos, ao perceber que "cultura é com frequência tratada como resíduo, um conjunto de sobras, resultado da separação de aspectos tratados como mais importantes na vida social"[13].

Estabelece-se, assim, um critério residual que alimenta as compreensões de cultura a partir da exclusão dos outros campos consolidados e tidos como importantes; isso gera prejuízos para que ela seja entendida a partir de uma definição propositiva e positiva. Peter Häberle, ao sustentar que o entendimento de cultura "pode ser determinado pelo mote da distinção entre os âmbitos político, econômico e social", também ressalta a dificuldade de uma definição positiva para a matéria, resultante do frequente equívoco de se achar óbvio o conceito de cultura[14].

---

[11] José Luiz dos Santos, *O que é cultura*, São Paulo: Brasiliense, 1983, p. 29.

[12] Teixeira Coelho, *A cultura e seu contrário: cultura, arte e política pós-2001*, São Paulo: Iluminuras/Itaú Cultural, 2008, p. 17.

[13] José Luiz dos Santos, *op. cit.*, p. 49.

[14] Peter Häberle, *Le libertà fondamentali nello stato costituzionale*, Roma: La Nuova Italia Scientifica, 1993, p. 213.

Até aqui, pode-se concluir que a cultura permeia todos os seres humanos e sua produção, unindo os mais distantes, tornando-os copartícipes das vitórias e dos insucessos da humanidade. Saber se uma definição tão ampla, como a antropológica, já apresentada ("cultura é tudo o que é feito ou valorado pelo homem"), ou outra, pretensamente restrita, serve ao mundo jurídico-científico é o que passaremos a debater, enfocando três pontos:

1) Em primeiro lugar, reforçam-se as ponderações relativas às impossibilidades operacionais para certos campos, como o direito, dos conceitos excessivamente amplos de cultura. Essas dificuldades, além de pragmáticas, são axiológicas, como bem o lembra Werner Jaeger ao dizer que "a palavra converteu-se num simples conceito antropológico descritivo. Já não significa um alto conceito de valor, um ideal consciente [...] não passa de um produto deteriorado, derradeira metamorfose do conceito grego originário"[15]. Assim, a corrente que pugna por definições mais restritas de cultura não se conforma em simplesmente descrever ou catalogar objetos e modos de criar, fazer e viver; ela não abre mão de identificar valores, no sentido de saber se eles contribuem para o *cultivo* das pessoas e, em termos mais pontuais, se se compatibilizam com parâmetros bem definidos, que podem ser os do direito, em abstrato, ou de um certo direito positivado, como o brasileiro, ou de qualquer outra esfera normativa (internacional, por exemplo), a depender do paradigma eleito para a averiguação.

2) Em segundo lugar, destaca-se que a aversão corrente em vincular cultura com desenvolvimento da civilização representa um momento de antítese dos povos dominados frente aos povos dominadores, os quais sempre impunham e impõem a sua cultura, utilizando-se de tecnologia (bélica, de comunicação, de acúmulo de informação, entre outras) mais avançada. Desenvolvimento da civilização passou a ser confundido com progresso tecnológico (e não de elevados ideais), e esse, com opressão. Assim, suprimir qualquer adjetivação da palavra *cultura* era e continua sendo uma forma de resistência. Esse momento

---

[15] Werner Jaeger, *Paideia: a formação do homem grego*, São Paulo: Martins Fontes, 1995, pp. 7-8 e 29.

de antítese ainda não foi superado, melhor dizendo, não se chegou ainda à sua síntese, mas é imperioso que o seja, a partir da compreensão dos conceitos aqui expostos.

3) Por último, a realidade normativa brasileira induz-nos a conceber cultura de uma forma limitada. É um setor, entre tantos outros, vislumbrado pela legislação. A partir da simples observação do Título VIII da vigente Constituição, que está assentada no fundamento da dignidade humana, observa-se que ela reserva uma seção para a cultura, mas destina outras específicas para a educação e o desporto, sem contar os capítulos que tratam da seguridade social, da ciência e tecnologia, da comunicação social, do meio ambiente, da família e dos índios. Assim, tendo a cultura campo constitucional próprio, o mesmo deve ser conhecido em suas peculiaridades.

Desse modo, tem-se a obrigação de reduzir aqui a compreensão de cultura. Pas-samos a defini-la como a produção humana vinculada ao ideal de aprimoramento, visando à dignidade da espécie como um todo, e de cada um dos indivíduos. A possível subjetividade dos termos ganha forma concreta segundo a observação do ordenamento jurídico que disciplina as relações culturais.

DIREITOS CULTURAIS

Fixada uma compreensão do que seja cultura para o direito, o trabalho seguinte é o de se buscar uma definição para a expressão *direitos culturais*, que consta na primeira parte do artigo 215 da Constituição do Brasil, precisamente na determinação de que "o Estado garantirá a todos o pleno exercício dos direitos culturais". Saliente-se que essa é a primeira vez que o termo aparece nos textos constitucionais já adotados pelo Brasil. Contudo, a clara defesa de suas presenças nas ordens jurídicas emana da segunda geração ou dimensão de direitos fundamentais – a dos direitos sociais, econômicos e culturais –, que ganhou força a partir da segunda década do século XX e que veio a ter expressão positivada nos artigos 22, 26 e 27 da Declaração Universal dos Direitos Humanos (ONU, 1948). Neles são tratados temas como instrução (estatal), educação (familiar), livre participação na vida cultural da comunidade, fruição das artes, partilha do processo científico e de seus benefícios, proteção aos autores dos interesses morais e materiais decorrentes da produção científica, literária ou artística, tudo em função da dignidade e do desenvolvimento da personalidade[16].

Não se encontra uma interpretação autêntica – a que é feita pelo próprio legislador – para os direitos culturais no Brasil. Porém, na Constituição da República há uma norma que pode ser classificada como de definição, a qual tem por objetivo explícito delimitar o que é patrimônio cultural, mas de suas entrelinhas pode-se inferir o que é cultura, bem como obter o parâmetro para a enunciação dos direitos culturais. O problema vislumbrado é que, à primeira vista, a pretensa definição não cumpre seu papel, isto é, não fornece as fronteiras do objeto definido, como se qualquer coisa imaginável coubesse nos seus limites.

O dispositivo constitucional referido é o artigo 216, no qual está definido que o patrimônio cultural brasileiro é formado pelos bens de natureza material e imaterial, tomados individualmente ou em conjunto, desde que portadores de referência à identidade dos diferentes grupos formadores da sociedade brasileira. A Constituição chega ao requinte de categorizar tais bens, especificando as formas de expressão; os modos de criar, fazer e viver; as criações artísticas, científicas e tecnológicas; as obras, os objetos, os documentos, as edificações e os demais espaços destinados às manifestações artístico-culturais; os conjuntos urbanos e os sítios de valor histórico, paisagístico, artístico, arqueológico, ecológico e científico.

O entendimento de que a norma definidora de patrimônio cultural também se presta a definir cultura não resulta da simples aproximação dos temas, mas do seguinte raciocínio silogístico, de múltiplas premissas: a definição constitucional diz que potencialmente e pelo *critério da*

---

[16] Cf. Humberto Cunha Filho, "Direitos culturais no Brasil", *Revista Observatório Itaú Cultural/OIC*, São Paulo: Itaú Cultural, 2011, n. 11, p. 115.

referencialidade[17] constituem patrimônio cultural todos os bens de natureza material e imaterial; por seu turno, patrimônio é o conjunto de bens de um ser. Ademais, não se pode olvidar que a cultura é identificável tão somente por seu patrimônio; logo, a cultura é, em última análise, igual ao patrimônio cultural que a constitui. Quanto ao adjetivo gentílico *brasileiro*, consta do texto pelo fato de se tratar da Constituição desse Estado.

De todo modo, a norma apresenta uma gigantesca definição de cultura, mais próxima da antropologia que do direito. Este demanda uma compreensão de certa forma restrita para tornar a cultura operacionável, uma vez que se trata de um bem jurídico que pode ser violado e eventualmente recomposto, segundo regras preestabelecidas. Esse aparente dilema reside na escassez ou no excesso de elementos compreendidos pelas definições adotadas, que muito frequentemente oscilam entre contemplar apenas parte do objeto ou, ao contrário, não excluir nada dele. Entre os extremos apresentados, há espaço para ambos: existem momentos em que se deve limitar o entendimento de cultura (e, inexoravelmente, de direitos culturais, pois os limites são da essência do direito) e outros em que se deve acolher o exagero de sua definição mais abrangente.

Para Häberle, ao se trabalhar com a ideia de direitos culturais, deve-se ter duas noções simultâneas: uma que os encara *stricto sensu*; e outra, *lato sensu*. No primeiro caso, os direitos fundamentais culturais devem ser compreendidos restritivamente, emparelhados com outros tipos de direitos (econômicos, sociais, de liberdade, por exemplo), a fim de garantir-lhes um reconhecimento explícito, com o objetivo de torná-los efetivos por serem palpáveis e facilmente identificáveis. No outro caso, o jurista adere ao culturalismo e afirma que a cultura é a base de todos os direitos, determinando suas existências e, no momento seguinte, sendo determinada por eles, o que ocorre ininterruptamente, *ad nauseam*. Assim, a cultura realiza um movimento dialético em que passa de matriz a produto e, subsequentemente, de produto a matriz nas mais diversas

---

[17] Cf. Inês Virgínia Prado Soares, *Direito ao (do) patrimônio cultural brasileiro*, Belo Horizonte: Fórum, 2009, p. 113.

relações. Para ele, "os direitos fundamentais são expressão da cultura humana e [ao mesmo tempo] tornam-na possível"[18].

Considerar a cultura como a base de todos os direitos e um consequente produto de sua operacionalização é de suma importância para o reconhecimento do quanto é relevante o estudo desse setor para qualquer atividade que o envolva, mormente naquelas vinculadas às ciências humanas e sociais, como é o caso do direito. Do ponto de vista operacional, porém, tal reconhecimento não traz dificuldades, uma vez que engloba [quase] tudo.

Já a tarefa de estabelecer o que sejam direitos culturais *stricto sensu* é plena de dificuldades, tanto que o próprio Häberle não se propôs a fornecer elementos caracterizadores de um direito cultural, tendo se limitado – ao fazer um estudo comparativo de constituições como a alemã (e seus Estados-membros), a suíça, a grega, a portuguesa e a espanhola – a identificar como direitos culturais os seguintes e outros semelhantes ou que constituem desdobramentos destes: liberdade de prática da ciência e da arte, liberdade de ensino, direito à instrução, liberdade para aprender, liberdade dos pais para educar a prole, liberdade de ação das associações culturais, tutela da propriedade intelectual, alfabetização de adultos, participação na radiodifusão, proteção ao patrimônio histórico e artístico e proteção da natureza.

No Brasil, José Afonso da Silva evita perguntar ou afirmar o que são direitos culturais. Ao se deparar com a seção constitucional da cultura, prefere colocar a questão: "Quais são esses direitos culturais reconhecidos na Constituição?". Para responder, não apresenta critérios prévios e, ademais, nitidamente não propõe um rol exaustivo, mas uma categorização, ou seja, *núcleos* sobre os quais podem derivar outros direitos, segundo legislações específicas. Tratam-se de categorias relacionadas à criação (compreendidas aí as científicas, artísticas e tecnológicas), ao *acesso*, à *difusão*, às *liberdades* (relativas às formas de expressão e manifestações culturais) e ao "direito-dever estatal de formação do patrimônio cultural brasileiro e de proteção dos bens de cultura"[19].

---

[18] Peter Häberle, *op. cit.*, p. 229.

[19] José Afonso da Silva, *Curso de direto constitucional positivo*, São Paulo: Malheiros, 1993, p. 280.

Propositivo, José Ricardo Oriá Fernandes oferece uma definição para os direitos culturais que, entretanto, está relacionada apenas aos intitulados por indivíduos, o que definitivamente não é compatível com os fatos da realidade jurídica brasileira: "são aqueles direitos que o indivíduo tem em relação à cultura da sociedade da qual faz parte, que vão desde o direito à produção cultural, passando pelo direito de acesso à cultura até o direito à memória histórica"[20].

O fato é que, ao abordarem o tema, os jurisconsultos raramente oferecem elementos teóricos para a identificação de um direito cultural em sentido estrito, o que precisa ser enfrentado. Para tanto, a princípio, deve-se ter em conta que esse hercúleo trabalho não pode chegar a seu termo de forma satisfatória se o universo de investigação for tão somente o mundo jurídico; antes, deve-se servir de outras áreas que trabalham a questão da cultura de forma mais próxima, clara e aberta, como as artes, a sociologia e a antropologia, sem olvidar o suporte instrumental da lógica.

Portanto, algumas premissas podem ser formuladas: 1) os campos do saber mencionados têm em comum o fato de compreender o ser humano no momento atual, mas como produto de sua história e, ademais, vinculado ao porvir; 2) a compreensão adquirida pela observação de cada uma das categorias ou dos próprios direitos culturais elencados por distintos autores faz ver que eles se referem de forma direta ou indireta a três núcleos essenciais: artes, memórias coletivas e fluxo de saberes; 3) o grande objetivo dos direitos culturais, tanto normativa como socialmente, é o de possibilitar que as pessoas e as coletividades se situem no tempo e no espaço para aquilatar a situação presente, confrontando-a com as que foram vividas e projetando as *démarches*, na medida do possível. Em termos sintéticos, pode-se dizer que um "aroma" feito com essências do passado, do presente e do futuro é exalado dos direitos culturais.

Com essa base argumentativa, acrescentando uma noção valorada de cultura, passa-se a entender que direitos culturais são aqueles relacionados às artes, à memória coletiva e ao fluxo dos saberes que asseguram a seus

---

[20] José Ricardo Oriá Fernandes, *O direito à memória: a proteção jurídica ao patrimônio histórico-cultural brasileiro*, 188f., dissertação (mestrado em direito), Universidade Federal do Ceará, Fortaleza, 1995, p. 31.

titulares o conhecimento e honesto uso do passado, interferência ativa no presente e possibilidade de previsão e decisão referentes ao futuro, visando sempre, relativamente à pessoa humana, a dignidade, o desenvolvimento e a paz. Encontrado um direito em que esses elementos convivam simultaneamente, embora um em maior escala que os outros, trata-se de um direito cultural.

Essa definição, contudo, não tem caráter absoluto, como nada do conhecimento humano, porém é dotada de razoável estabilidade e constância, podendo ser submetida a certos crivos científicos próprios das ciências sociais. Um desses crivos fica ofertado sob duas formas, uma de exame específico de cada direito cultural e outra genérica que perscruta a transtemporalidade em outros gêneros de direitos, como os econômicos e os sociais.

No primeiro caso, toma-se um direito cultural qualquer, como o que assegura aos pais a prerrogativa de educar os filhos ou, ainda, por um ângulo inverso, o direito da prole de ser educada por seus genitores, e faz-se uma espécie de mensuração das dimensões temporais presentes na compleição de tal direito. No caso, o passado: a transmissão de todo o acúmulo cultural-familiar; o presente: a própria prática atual do direito, com os elementos da época; o futuro: a disposição em continuar ou modificar o *status quo*. Tome-se, porém, um direito cultural, cuja presença dos lapsos temporais não seja tão explícita, como a proteção à criação intelectual. Observa-se aí que as invenções e criações são produto do acúmulo material e intelectual da humanidade, apercebidas e levadas a público de forma inusitada pelo criador, com o intuito de interferir na realidade presente e futura.

Quanto aos direitos sociais e econômicos, na sua operacionalização mais usual, têm ligações eminentemente presenciais, uma vez que são utilizados como instrumentos para solução dos problemas enfrentados na atualidade, o que, com frequência, leva seus operadores a negligenciarem o passado e o futuro, mesmo que os resultados sejam desastrosos a curto, médio ou longo prazo. Quando tais direitos se referenciam nas experiências e têm cautelas para com os efeitos gerados, não se transmudam necessariamente em culturais, mas deles ficam imantados.

Esse fenômeno de imantação de outros campos do direito é mais um elemento caracterizador dos direitos culturais, que com grande frequência aparecem nas relações sociojurídicas como coadjuvantes, mas de tão elevada importância a ponto de os direitos-protagonistas não cumprirem seus objetivos de forma satisfatória se forem suprimidos. Portanto, nos campos que lhes são próprios, os direitos culturais desempenham papel principal; nos demais, são acessórios, porém, indispensáveis.

DIFERENCIAÇÕES NECESSÁRIAS

Culturalismo jurídico, multiculturalismo e direitos culturais

Os muitos sentidos da palavra cultura estimulam a aproximação e até a confusão de expressões de grafias próximas, mas de substâncias distintas. Nas mais achegadas relações do direito com a cultura, pelo menos três delas precisam ser evidenciadas, no sentido de precisar-lhes os significados de modo a evitar que uma seja empregada no lugar da outra, o que geraria caos em termos comunicacionais e, principalmente, científicos.

A primeira dessas expressões é *culturalismo jurídico*, portadora de uma abrangência tão colossal que fornece base para uma teoria que explica todo o direito (ciência) e todos os direitos (bens jurídicos) a partir da cultura, para tanto tomada em sua dimensão antropológica[21]. Para essa teoria, por conseguinte, falar em direitos culturais é uma tautologia, pois todos eles o são.

Multiculturalismo, por seu turno, é uma derivação da ideia culturalista para territórios específicos ou especificados, por meio da qual se defende a coexistência de povos, comunidades e grupos lastreados em valores e expressões culturais distintos[22]. A sua preocupação, portanto, não é com o conjunto dos direitos culturais, mas com um, que é específico em termos de identificação, porém genérico enquanto abrangência: o direito à diversidade.

Direitos culturais, em sentido diverso aos apresentados, pressupõem, como visto, a especificação, se não de um rol, ao menos de categorias de

---

[21] Cf. Miguel Reale, *Cinco temas do culturalismo*, São Paulo: Saraiva, 2000.

[22] Cf. Ana Maria D'Ávila Lopes, *A contribuição da teoria do multiculturalismo para a defesa dos direitos fundamentais dos indígenas brasileiros*. Disponível em: <http://www.conpedi.org.br/manaus/arquivos/anais/manaus/estado_dir_povos_ana_maria_lopes.pdf>. Acesso em: ago. 2017.

direitos relacionados com a cultura, compreendida a partir de núcleos concretos formadores de sua substância, como as artes, a memória coletiva e o fluxo dos saberes.

As interconexões entre os três conceitos levam às seguintes observações: culturalismo jurídico é teoria; multiculturalismo é ideologia; direitos culturais são práxis. Evidenciam-se, em decorrência, graus de concretude e materialização diferenciados e crescentes do primeiro para o último.

Assim, não se pode confundir culturalismo jurídico e tampouco multiculturalismo com direitos culturais, pois a abrangência e os significados dos primeiros aniquilariam a dimensão mais concreta do último. Contudo, por paradoxal que aparente, há um direito cultural específico das práticas multiculturalistas, bem como da concepção que explica as relações sociais a partir do culturalismo.

Direito à cultura, direito da cultura e direitos culturais
É possível que as terminologias acima ensaiadas fiquem mais evidentes com o comparativo das três expressões que dão título a este tópico.

Inicialmente, há consideráveis diferenças entre os significados de *direito à cultura* e *direito da cultura*; o primeiro mais uma vez remete aos aspectos genéricos e abstratos da convivência humana. Em princípio, refere-se a "um" direito, embora de dimensão grandiloquente e amorfa; corresponde, na linguagem da Declaração dos Direitos Humanos da Organização das Nações Unidas (ONU), à prerrogativa de participar na vida cultural da comunidade. Com efeito, o direito à cultura constitui proteção contra mudanças abruptas e ilegítimas, mesmo porque até as próprias restrições ao seu acesso, decorrentes, por exemplo, de segregações punitivas (prisões e outros castigos), integram o amálgama cultural que lhe dá substância. Jesús Prieto de Pedro sintetiza e, ao mesmo tempo, o localiza no mundo jurídico: "O direito à cultura contextualiza-se nos direitos culturais como uma de suas principais manifestações, e os direitos culturais, por seu turno, nos direitos humanos"[23].

---

[23] Jesús Prieto de Pedro, "Derecho a la cultura e industrias culturales", *in: Economia y cultura: la tercera cara de la moneda*, Bogotá: Convenio Andrés Bello, 2001, p. 212 (tradução minha).

A outra expressão, *direito da cultura*, permite vislumbrar "o" direito que rege relações específicas e tangíveis, a partir de elementos palpáveis do universo cultural observado. Jean-Marie Pontier, Jean-Claude Ricci e Jacques Bourdon sustentam que o desenvolvimento de políticas públicas específicas forjou a criação do referido direito, que passou a ser evidentemente necessário por pelo menos três motivos: 1) tornou-se imperioso regulamentar os serviços públicos de cultura, que passaram a ser ofertados; 2) a ação estatal criou o respectivo poder de polícia cultural, exercível sob disciplina e controle; e 3) o impulso das políticas gerou mais fluxos e relações culturais, das quais decorreu natural crescimento quantitativo e qualitativo de litígios culturais, que passaram a exigir parâmetros e estruturas para a solução[24].

Sophie Monnier e Elsa Forey comungam com esse entendimento e precisam que o direito da cultura passou a receber tratamento de disciplina autônoma, na França, somente a partir dos anos 1990. Mesmo reconhecendo a heterogeneidade e a multiplicidade de objetos, mencionam alguns, como exemplos: os monumentos históricos, os arquivos, os vestígios arqueológicos, as criações do espírito, a língua, os livros, entre outros[25].

Sem prejuízo da observação de Jesús Prieto de Pedro[26], segundo a qual o conceito, menos que uma categoria jurídica de aplicação direta, presta-se mais a identificar um grupo de direitos fundamentais, no Brasil a preferência é pela expressão *direitos culturais*, em razão da multiplicidade de conteúdos, bem como da homenagem à literalidade do texto constitucional. Entretanto, na dimensão teórica e na aplicação efetiva, admite-se que praticamente equivale a direito da cultura.

---

[24] Jean-Marie Pontier; Jean-Claude Ricci e Jacques Bourdon, *Droit de la culture*, Paris: Dalloz, 1990, p. 90.

[25] Sophie Monnier; Elsa Forey (com a participação de Gaëlle Kulig), *Droit de la culture*, Paris: Gualino, 2009, pp. 18-9.

[26] Jesús Prieto de Pedro, *op. cit.*, p. 215.

2.
DIREITOS CULTURAIS COMO DIREITOS HUMANOS E FUNDAMENTAIS

A NOÇÃO DO QUE SEJA UM DIREITO

Para compreendermos o tema "direitos culturais", faz-se necessário verificar o que se entende por essa expressão; antes, porém, é preciso saber o que é, de fato, um direito. Note-se que não se propõe uma discussão teórica nem filosófica sobre o que seja o direito enquanto instrumento de organização social ou ciência, mas simplesmente busca-se resposta à singela indagação: o que é um direito?

Intuitivamente, temos a noção de que um direito corresponde a um benefício, a algo bom. Essa noção é correta e pode ser expressa, em termos mais técnicos, da seguinte maneira: um direito é um bem jurídico que integra o patrimônio de quem o possui (titular) e, em virtude disso, pode ser defendido contra tudo e todos, inclusive contra o Estado.

Segundo essa definição, o direito está associado à solidez e à estabilidade, entretanto um bem jurídico com essas características é algo recente na história humana. Na Antiguidade e na Idade Média, poder-se-ia falar em *prerrogativa*, que não se confunde com um direito por faltar-lhe o elemento estabilidade[1]. O livro *Utopia*, de Thomas More, traz um exemplo muito claro dessa diferença: na narrativa, algumas famílias ocupantes de certas terras inglesas há muitas gerações são expulsas para

---

[1] Na Antiguidade, a ausência da noção de direito está relacionada com a estrutura social organicista, na qual a pessoa era valorizada enquanto membro da pólis (cf. Norberto Bobbio, *Teoria geral da política: a filosofia política e as lições dos clássicos*, Rio de Janeiro: Campus, 2000, pp. 371-86). Na Idade Média, essa ausência se deve à concepção absolutista de Estado, sustentada pela doutrina de que o rei não erra (cf. Italo Mereu, *A morte como pena: ensaio sobre a violência legal*, São Paulo: Martins Fontes, 2005, p. 50).

dar lugar à plantação de forragem, necessária à alimentação de carneiros, em razão da tendência econômica da época, que era a exploração de lã[2]. Nesse caso, nem mesmo o exercício prolongado, atávico, de uma prerrogativa poderia sedimentá-la entre os bens de quem dela usufruía.

Percebe-se, por inferência, que só se pode falar em direito a partir do momento em que se criou[3] e, subsequentemente, se pôde controlar o Estado moderno, o que ocorreu de forma mais visível com o advento do "constitucionalismo"[4]. Foi por meio dele que se desenvolveu a ideia de que os países, ao se organizarem, deveriam, antes de tudo, traçar claramente a *regra do jogo*[5] das relações sociais, definindo os campos de atuação do Estado, da sociedade e dos indivíduos, em documento escrito, designado *constituição*.

DIREITOS HUMANOS E DIREITOS FUNDAMENTAIS

As expressões *direitos humanos* e *direitos fundamentais* não são sinônimas, mas possuem muitas aproximações e algumas diferenças que precisam ser destacadas em favor da adequada exploração do tema, que aponta os direitos culturais como um subconjunto tanto de um como do outro grupo de direitos.

A ideia de direitos humanos tem forte vinculação com uma doutrina jurídica conhecida como jusnaturalismo, segundo a qual os seres humanos possuem certos direitos decorrentes do simples fato de pertencerem a essa espécie. Na concepção mais tradicional dessa doutrina, tais direitos

---

[2] Cf. Thomas More, *Utopia*, São Paulo: Nova Cultural, 1997, pp. 26-30.

[3] Cf. Georg Jellinek, *Teoría general del Estado*, México: FCE, 2000, p. 311.

[4] Cf. André Ramos Tavares, *Curso de direito constitucional*, São Paulo: Saraiva, 2006, pp. 1-15.

[5] Cf. Norberto Bobbio, *op. cit.*, p. 444: "poderíamos sustentar que um critério de distinção entre aquilo que é passível de ser submetido à regra da maioria e aquilo que não é está na distinção entre o opinável e o não opinável, distinção que arrasta consigo uma outra, entre aquilo que é negociável e aquilo que não é negociável. Os valores, os princípios, os postulados éticos, e, naturalmente, os direitos fundamentais não são opináveis e, portanto, tampouco negociáveis. Porque assim são: a regra do maior número, que tem a ver apenas com o opinável, não é competente para julgá-los".

independem de cultura e de época e, por serem inatos, não seriam criados, mas simplesmente reconhecidos, daí por que não adviriam como resultado das leis racionalmente elaboradas; eles seriam simplesmente objeto de declarações que, em decorrência das características mencionadas, aspiram sempre ter dimensão universal. Mesmo na concepção de Joaquín Herrera Flores, que se apresenta como porta-voz de uma "nova teoria", "os direitos humanos não devem se confundir com os direitos positivados no âmbito nacional ou internacional". Sendo mais explícito, ele entende que "uma constituição ou um tratado internacional não criam direitos humanos"[6], mas apenas os reconhecem.

Os direitos humanos aparecem enunciados de forma muito genérica, fazendo referência preferencial apenas àquilo que constitui o núcleo de valores supostamente compreendidos de maneira universal, como vida, liberdade e dignidade. Essa compreensão ampliada faz com que a expressão *direitos humanos* tenha uso mais frequente nas relações internacionais.

Por outro lado, quando há a necessidade de conhecer em detalhes e operacionalizar os direitos humanos no âmbito de diferentes países, o entendimento aparentemente comum fica permeado de dificuldades, em virtude da variação do perfil jurídico traçado para cada direito, bem como dos valores de cada cultura. Observando-se, por exemplo, o direito à vida, é fato que ele goza minimamente de um reconhecimento universal; porém, quando se analisam detalhes de como será exercido, as diferenças manifestam-se, o que pode ser percebido quando surgem questões como: é possível aplicar pena de morte? Admite-se o aborto? E a eutanásia?

Os direitos humanos com especificações concretas e sistema de garantias para prevenir ou combater as violações que frequentemente sofrem, no âmbito de cada ordenamento jurídico, passam a ser designados como direitos fundamentais. Entendimento análogo pode ser verificado no comentário de José Afonso da Silva ao Art. 4º, II, da Constituição, que contém expressa referência aos direitos humanos: "o princípio quer se referir aos direitos fundamentais da pessoa humana, tal como configurado no

---

[6] Joaquín Herrera Flores, *A reinvenção dos direitos humanos*, Florianópolis: Fundação Boiteux, 2009, p. 34.

Título II da Constituição e nos documentos internacionais de proteção da pessoa humana, e tal como reconhecido no § 2º do Art. 5º"[7].

Na Constituição brasileira, são encontradas as duas expressões. O termo *direitos humanos* é usado em direta alusão às relações internacionais, como na elevação de tais direitos ao *status* de princípio que rege a convivência com outros povos[8], incluindo a formação e o acatamento de tribunais internacionais[9], a elevada hierarquia normativa dos tratados internacionais sobre a matéria[10] e a excepcional possibilidade de deslocar a competência da justiça estadual para a federal, em virtude dos referidos tratados[11].

O termo direitos fundamentais é utilizado para designar o Título II da Constituição do Brasil (Art. 5º ao 17), no qual está contida a longa declaração de direitos da Carta Política, com os detalhamentos cabíveis ao mencionado instrumento jurídico. É fato, porém, que a sua positivação está radicada em grandes núcleos de direitos humanos, uma vez que a norma constitucional evidencia que o detalhamento jurídico que realiza é feito em função dos direitos à vida, à liberdade, à igualdade, à segurança e à propriedade[12]. Ademais, os direitos e as garantias nela expressos não excluem outros decorrentes do regime e dos princípios que adota ou dos tratados internacionais dos quais o Brasil seja parte.

Desse modo, no caso brasileiro, a ideia de direitos fundamentais é dinâmica e forma potencialmente um conjunto maior que abriga, sem necessariamente limitar, mas até como instrumento aprimorador, o subconjunto dos direitos humanos. Assim, não se deve contrapor os dois, mas entendê-los como complementares e mutuamente dependentes. Dada a simbiose e o dimensionamento referidos, e considerando a necessidade do manuseio operacional dos direitos culturais, a confirmação de que são

---

[7] José Afonso da Silva, *Comentário contextual à Constituição*, São Paulo: Malheiros, 2006, p. 50.

[8] Cf. Art. 4º, II.

[9] Cf. Art. 7º do Ato das Disposições Constitucionais Transitórias.

[10] Cf. Art. 5º, § 3º.

[11] Cf. Art. 109, V-A e § 5º.

[12] Cf. Art. 5º, *caput*.

humanos e fundamentais pode ser feita apenas com o estudo desses últimos, o que faremos a seguir.

A HIERARQUIA DOS DIREITOS COMO PRESSUPOSTO DA DEFINIÇÃO DE UM NÚCLEO FUNDAMENTAL

Sendo a Constituição o documento jurídico inaugurador das sociedades politicamente organizadas, logo foi envolvida pela ideia de que se tratava de um conjunto de normas especiais; a consequência desse entendimento foi a averiguação de que as prescrições jurídicas se organizavam em escalas[13], sendo algumas superiores quando comparadas às demais. Óbvio que as superiores eram tidas como principais e mais importantes, e entre elas sempre figuraram as relativas aos órgãos por meio dos quais é exercido o poder político, aos preceitos da organização do Estado e aos fundamentos a partir dos quais as autoridades são investidas e atuam. Não demorou muito para se perceber que essas normas superiores apenas constituíam-se em instrumentos para uma finalidade maior: a proteção dos bens jurídicos mais relevantes no seio das sociedades, como a democracia, o pluralismo político e os direitos tidos como os mais importantes, que passaram a ser chamados de direitos fundamentais.

A elevação de certos direitos ao patamar de fundamentais dotou-os de prerrogativas especiais[14], como a dificuldade ou até mesmo a impossibilidade de serem eliminados da ordem jurídica, bem como a preferência na efetivação. A efetivação, aliás, constitui o ponto de maior fragilidade dos direitos e, por essa razão, faremos um pequeno resgate histórico da origem dos direitos fundamentais (com enfoque nos culturais), de maneira a demonstrar que podem ser organizados em grupos específicos, a partir de características semelhantes, em virtude das quais possuem diferentes

---

[13] Cf. Hans Kelsen, *Teoria pura do direito*, São Paulo: Martins Fontes, 1994, p. 247: "A ordem jurídica não é um sistema de normas jurídicas ordenadas no mesmo plano, situadas umas ao lado das outras, mas é uma construção escalonada de diferentes camadas ou níveis de normas jurídicas. [...] A Constituição representa o escalão do direito positivo mais elevado".

[14] Cf. Gilmar Ferreira Mendes; Inocêncio Mártires Coelho e Paulo Gustavo Gonet Branco, *Hermenêutica constitucional e direitos fundamentais*, Brasília: Brasília Jurídica, 2000, pp. 103-36.

meios e dificuldades de implantação. Como dizem os estudiosos do tema, grandes eventos humanos determinaram o surgimento de "gerações" específicas de direitos fundamentais[15]. Para que se entenda com maior clareza: de tempos em tempos, ocorrem ondas de mudanças nas (e até mesmo das) Constituições dos países e, em consequência, a ampliação dos direitos fundamentais que elas consagram[16].

A primeira geração dos diretos fundamentais surgiu como direta consequência da ruptura com o Antigo Regime e seus costumes e práticas medievais, que tem por marco mais visível a Revolução Francesa. Caracterizava o *Ancien Régime* o exercício do poder absoluto, bem como as restrições às liberdades de religião, pensamento, manifestação, comércio, profissão, entre outras[17]. Corolário, os direitos então buscados eram os que corrigiam as referidas distorções, razão pela qual são chamados *direitos de liberdade*, cuja efetivação costuma ser, se não simples, pouco dispendiosa, porque não demandam do Estado, via de regra, uma prestação, uma entrega de bens ou serviços; ao contrário, exige que ele se omita para que as liberdades sejam desenvolvidas. Nessa geração, há direitos fundamentais no campo da cultura, como a liberdade para criação e manifestação das produções do intelecto.

As liberdades públicas foram privilegiadas com exclusividade por mais de um século, não sem conviverem com a constatação de que, isoladamente, aguçavam as desigualdades, pois somente favoreciam aos que possuíam meios de comerciar, criar, expor. Geraram, por essa razão, um pensamento de contraponto, do qual pode ser síntese a construção

---

[15] A já tradicional diferença entre *gerações* e *dimensões* de direitos fundamentais será tratada no último tópico do capítulo.

[16] Cf. Paulo Bonavides, *Curso de direito constitucional*, São Paulo: Malheiros, 1994, pp. 514-29. Nessa obra pode ser encontrada uma das mais primorosas descrições das quatro gerações de direitos fundamentais, adiante sintetizadas.

[17] Cf. Alexis de Tocqueville, *O Antigo Regime e a Revolução*, Brasília: UnB, 1997, pp. 71-6.

filosófica de Karl Marx[18]. O entrechoque da experiência do que ficou conhecido por "comunismo real" com o ensaio de bancarrota do capitalismo, simbolizado pela quebra da bolsa de valores de Nova York, em 1929, foi o segundo evento determinante para que surgisse mais uma geração de direitos fundamentais. Essa geração caracteriza-se pela ambição de possibilitar aos hipossuficientes os benefícios de uma vida digna, recebendo do Estado instrumentos que construíssem uma paridade aceitável entre as pessoas. Compunha-se, então, a tríade dos direitos sociais, econômicos e culturais[19], cuja efetivação, se comparada com a dos direitos de liberdade, é bem mais difícil, uma vez que, nesse caso, não se admite abstenção do Estado, mas, ao contrário, exige-se dele ativa atuação no fornecimento de bens e na prestação de serviços. Aumenta a dificuldade o fato de que o Estado, para cumprir essas novas tarefas, precisa de mais dinheiro, o qual é obtido a partir do incremento da tributação. E, ainda, as incessantes lutas por novos direitos fundamentais dificultam o estabelecimento de prioridades; a consequência desse inflacionamento é a diluição da importância de todos eles, eliminando, do ponto de vista dos fatos, a fundamentalidade de que são nominalmente dotados.

O terceiro evento determinante foi a Segunda Guerra Mundial, conflito catastrófico para a humanidade que, pela via do sofrimento, legou a certeza de que os direitos fundamentais não poderiam se vincular exclusivamente aos indivíduos ou a certos grupos específicos. As bombas atômicas, os holocaustos, a destruição de patrimônios históricos e artísticos e a própria ameaça de extinção de toda a vida no planeta nos levaram à conclusão de que há bens jurídicos para os quais as fronteiras dos países não fazem sentido, pois pertencem a todos, enquanto coletividade, e a cada um, enquanto indivíduo.

---

[18] Cf. Marx e Engels, *Manifesto do Partido Comunista*, São Paulo: Martin Claret, 2000, p. 66: "O primeiro passo na revolução operária é a elevação do proletariado à classe dominante, a conquista da democracia. O proletariado utilizará seu domínio político para arrancar pouco a pouco todo o capital à burguesia para centralizar todos os instrumentos de produção nas mãos do Estado, ou seja, do proletariado organizado como classe dominante".

[19] Note-se que literalmente é nesse momento que surgem "formalmente" os direitos culturais, cuja exemplificação poderia ser a proteção ao patrimônio cultural, o fomento pecuniário aos criadores, o estabelecimento de estruturas públicas para o desempenho das manifestações etc.

Dessa nova convicção decorre um sentimento de fraternidade que, na linguagem técnica dos juristas, gera direitos e deveres solidários relativamente a esses bens. É exemplo muito revelador dessa terceira geração de direitos fundamentais o disposto no inciso LXXIII do Art. 5º da Constituição Federal do Brasil, no qual é assegurado a qualquer cidadão o direito de, por meio de ação popular, propor a anulação de "ato lesivo ao patrimônio público ou de entidade de que o Estado participe, à moralidade administrativa, ao meio ambiente e ao patrimônio histórico e cultural".

Todos os eventos referidos, tidos como marcos da necessidade de construção das gerações de direitos fundamentais, ostentaram a violência em seus fundamentos. Por esse motivo, uma lição emergiu, em contraposição à tão dura realidade: a necessidade de construir uma cultura de paz[20], lastreada em algo permanente, capaz de harmonizar os direitos de liberdade com os de igualdade e com os de fraternidade/solidariedade, os quais vão muito além de simplesmente evocar o lema da revolução burguesa ocorrida na França em 1789. Na essência, tais direitos realizam o substrato da democracia, teorizado no célebre Discurso de Péricles, o grande estadista ateniense: igualdade de todos, em ambiente de liberdade, com a consciência de que a vida em sociedade tem fins comuns[21].

A quarta geração de diretos fundamentais entende-se que seja a do direito à democracia, precisamente porque essa forma de governo é a que possibilita o pluralismo de ideias, indispensável à harmonização de valores conflitantes, permanecendo-se dentro de um ambiente de paz.

DIREITOS FUNDAMENTAIS

Imbuído da certeza de que "sobre os direitos fundamentais é possível formular teorias das mais variadas espécies", Robert Alexy propôs uma teoria jurídica

---

[20] Cf. Kant *et al.*, *A paz perpétua: um projeto para hoje*, São Paulo: Perspectiva, 2004, p. 40. Nessa obra, ao propor "o primeiro artigo definitivo para a paz perpétua", Kant entende que ela se vincula à seguinte pré-condição: "a constituição civil em cada Estado deve ser republicana".

[21] Cf. Claude Mossé, *Atenas: a história de uma democracia*, Brasília: UnB, 1997, pp. 35-48.

e geral dos "direitos fundamentais da Constituição alemã"[22], de natureza tridimensional, com elementos analíticos, empíricos e normativos atinentes a essa realidade, que, contudo, produziu fortes efeitos no direito brasileiro, seja por importação direta, seja a partir dos filtros da doutrina lusitana.

Descrevendo, com o objetivo de aplicar ao direito brasileiro, as três dimensões da referida teoria, Willis Santiago Guerra Filho entende que a primeira é *analítica*, uma vez que nela "se burila o aparato conceitual a ser empregado na investigação"; a segunda é *empírica*, "por ser aquela em que se toma por objeto de estudo determinadas manifestações concretas do direito, tal como aparecem não apenas nas leis e nas normas do gênero, mas também – e principalmente – na jurisprudência"; e a terceira é *normativa*, "enquanto aquela em que a teoria assume o papel prático e deontológico que lhe está reservado, no campo do direito, tornando-se o que com maior propriedade se chamaria doutrina"[23].

Aderindo a essa construção doutrinária, constitucionalistas como José Joaquim Gomes Canotilho e Jorge Miranda ensinam que direitos fundamentais são reconhecíveis tanto pela forma como pelo conteúdo. Do ponto de vista da forma, há a necessidade de que estejam encartados em uma Constituição que seja, ao menos, segundo classificação corrente, semirrígida; isso porque a ritualística para afetá-los de alguma forma deve ser mais dificultosa do que aquela que operacionaliza os direitos do cotidiano, aqueles que não recebem a designação de fundamentais.

No que concerne ao conteúdo, um direito é fundamental se concorre para a efetivação da dignidade humana, considerada o núcleo que justifica a existência de qualquer direito dessa espécie. Sem isso, não faz sentido dividir o poder em funções, tampouco definir de onde ou de quem emana o poder, nem mesmo construir um rol frio de direitos e deveres dos indivíduos para atender às exigências de uma doutrina tradicionalista que se recusa a ir além do artigo 16 da Declaração dos Direitos do Homem e do Cidadão, fiando-se no formalismo da simples enunciação constitucional

---

[22] Robert Alexy, *Teoria dos direitos fundamentais*, São Paulo: Malheiros, 2006, pp. 32-3.

[23] Willis Santiago Guerra Filho, "Direitos fundamentais, processo e princípio da proporcionalidade", *in: Dos direitos humanos aos direitos fundamentais*, Porto Alegre: Livraria do Advogado, 1997, pp. 11-2.

dos direitos e da separação dos poderes. Assim, ações e omissões que diretamente ou por meio oblíquo impeçam a plena efetivação dos direitos fundamentais devem receber a reprimenda do corpo institucional que os protege, composto de todo e qualquer elemento, estrutura ou organização, nos mais diferentes pontos da organização social, incluindo as funções estatais, que são as chamadas garantias institucionais. Tais garantias estão, por exemplo, nas organizações de base, quando exercem o direito de participação, no direito à ação e ao devido processo legal, no respeito obrigatório e recíproco entre Estado e cidadão e dos cidadãos entre si.

É importante esclarecer, ademais, que os direitos fundamentais não se encerram no rol que recebe esse rótulo na Constituição; a brasileira, por exemplo, normatiza que os direitos e as garantias nela expressos "não excluem outros decorrentes do regime e dos princípios por ela adotados, ou dos tratados internacionais em que a República Federativa do Brasil seja parte" (Art. 5º, § 2º). Ter a compreensão mais restrita seria o mesmo que estacionar na fase menos desenvolvida do positivismo normativista.

Disso decorre ser pertinente a distinção feita por Canotilho entre direitos fundamentais formalmente constitucionais e direitos fundamentais sem assento constitucional ou direitos fundamentais dispersos, sendo que esses últimos, para além de encontrarem suporte apenas na lógica formal, costumam ser expressamente referidos, em gênero, numa norma de *fattispecie* aberta, presente nos textos constitucionais; norma essa que embute o que a doutrina chama de princípio da não identificação ou cláusula aberta dos direitos fundamentais[24].

A FUNDAMENTALIDADE DOS DIREITOS CULTURAIS

Explicitado o que se entende por direito fundamental, impõe-se saber quais direitos culturais têm esse *status*. Para essa tarefa, é necessário dizer que há um Título na Constituição Federal denominado *Dos Direitos e*

---

[24] Cf. José Joaquim Gomes Canotilho, *Direito constitucional*, Coimbra: Livraria Almedina, 1991, pp. 539-40.

Garantias Fundamentais. Desse modo, os direitos culturais inseridos nesse Título são fundamentais por expressa determinação do legislador constituinte. A investigação de quais seriam tais direitos revela, entre outros, os seguintes: a liberdade de manifestação; a liberdade de expressão da atividade artística; a liberdade do exercício profissional artístico; a liberdade de associação artística, inclusive de natureza sindical; propriedade, transmissão hereditária e poder de fiscalização sobre as criações do intelecto, bem como sobre a imagem, a representação, a interpretação, a voz e coisas análogas; a proteção do patrimônio histórico e cultural como bem de natureza difusa, ou seja, pertencente a cada um dos brasileiros[25]; o lazer cultural; a educação[26]; a paridade e o reconhecimento jurídico do trabalho intelectual relativamente aos demais tipos[27]; a língua como elemento de identidade cultural intra e supranacional[28]; o uso de símbolos para afirmar a diversidade dos entes federativos e, por conseguinte, das sociedades que os habitam[29].

Existe outro método que possibilita identificar se um direito é fundamental, para além de expressamente enquadrá-lo como tal. Mesmo fora da relação própria, um direito é assim considerado se tiver os mesmos princípios e regime dos demais direitos fundamentais, isto é, se lhes for semelhante[30]. Muitos pensadores do tema concordam que o elemento de semelhança que permeia todos os direitos fundamentais é, como dito, a dignidade humana, donde se conclui que será fundamental qualquer direito que, uma vez suprimido ou negligenciado, agride irremediavelmente esse valor[31].

---

[25] Cf. Art. 5º, IV, IX, XIII, XVII, XXVII, XXVIII, XXIX, LXXIII.

[26] Cf. Art. 6º.

[27] Cf. Art. 7º XXXII.

[28] Cf. Art. 12 e 13.

[29] Cf. Art. 13.

[30] Cf. Art. 5º, § 2º.

[31] Cf. José Joaquim Gomes Canotilho, *op. cit.*, pp. 539-40.

Outro meio de reconhecer um direito fundamental decorre de sua incorporação ao ordenamento jurídico brasileiro por meio de tratado ou convenção internacional, instrumentos esses que, por inovação da Emenda Constitucional nº 45, de 30 de dezembro de 2004, quando versam sobre direitos humanos e são aprovados, em cada Casa do Congresso Nacional, em dois turnos, por três quintos dos votos dos respectivos membros[32], são equivalentes às emendas constitucionais[33]. Todavia, mesmo os tratados aprovados anteriormente à mencionada mudança constitucional têm, segundo decisão do Supremo Tribunal Federal[34], hierarquia superior às leis, o que lhes assegura grande estabilidade jurídica. No campo da cultura, há grande relevância em saber dessas possibilidades, pois muitos dos direitos culturais vigentes em nosso país têm matriz em documentos jurídicos internacionais[35].

O desenho do quadro de identificação dos direitos fundamentais traz uma preocupação relativa aos diretos culturais no sentido de saber se os que estão especificados na seção constitucional dedicada à cultura gozariam desse *status* superior[36]. A razão da dúvida decorre do fato de que tal seção está bem distante do Título *Dos Direitos e Garantias Fundamentais*: enquanto estes estão especificados nos artigos 5º ao 17, aquela é composta pelos artigos 215, 216 e 216-A.

Os métodos identificadores dos direitos fundamentais fornecem elementos suficientes à solução desse impasse. Se compararmos os direitos culturais que figuram expressamente no rol dos fundamentais com os que

---

[32] Esse trâmite é o mesmo de aprovação das Emendas Constitucionais, segundo o Art. 60 da Constituição Federal.

[33] Cf. Art. 5º, § 3º.

[34] Cf. o Recurso Extraordinário nº 466.343-1/SP, com a íntegra disponível em: <http://redir.stf.jus.br/pagi nadorpub/paginador.jsp?docTP=AC&docID=595444>. Acesso em: set. 2017.

[35] São exemplos: a Convenção de Proteção do Patrimônio Mundial, Cultural e Natural; a Convenção de Berna Para a Proteção das Obras Literárias e Artísticas, de 9 de setembro de 1886, revista em Paris, a 24 de julho de 1971; a Convenção Relativa à Proteção do Patrimônio Mundial, Cultural e Natural, de 1972; a Convenção para a Salvaguarda do Patrimônio Cultural Imaterial, celebrada em Paris, em 17 de outubro de 2003.

[36] Trata-se da Seção II (*Da Cultura*) do Capítulo III (*Da Educação, da Cultura e do Desporto*) do Título VIII (*Da Ordem Social*).

estão na seção da cultura, não há grande inovação: temas como proteção ao patrimônio cultural, liberdade e estímulo às criações artísticas, pluralismo cultural e democracia na gestão pública da cultura estão presentes em ambas as passagens constitucionais.

Ademais, observa-se que outros direitos culturais podem e são criados por legislação diversa da constitucional. Nesse caso, eles se elevam ao *status* de fundamentais se puderem ser contemplados na situação de indispensáveis à dignidade humana e também se decorrerem de acordo internacional relativo a direitos humanos.

Portanto, para caracterizar os direitos culturais como fundamentais, os primeiros devem ter um dos seguintes perfis: 1) devem estar inseridos no texto constitucional, preferencialmente em capítulo específico; 2) se não estiverem na Constituição, a sua existência deve ser tão significativa a ponto de ser abraçada pelos princípios que informam o conjunto de direitos fundamentais, em seu aspecto material ou substancial.

Se assim puderem ser caracterizados, receberão o tratamento de fundamentais, o que gera como principais consequências as seguintes: proteção especial em face de possíveis tentativas de suprimi-los do ordenamento jurídico; aplicabilidade imediata, cuja decorrência mais importante é a proteção contra as doutrinas que justificam postergações de implantação, com base em conceitos e compreensões defasadas do que sejam normas de eficácia limitada ou programática, segundo as quais certo direitos previstos na Constituição somente são exigíveis por seus titulares depois que forem editadas normas inferiores que os tornem operacionais. O problema é que essas normas podem demorar muito para serem editadas e, enquanto isso não ocorre, o direito torna-se nulo em termos de efetividade. O *status* de preceito fundamental permite que a própria inércia em editar as normas necessárias seja combatida por mecanismos como a ação direita de inconstitucionalidade por omissão e o mandado de injunção.

Já se sabe que a Constituinte de 1987/88, ao tratar especificamente da cultura, o fez em seção que está 210 artigos distante do famoso artigo 5º, o que principia o título *Dos Direitos e Garantias Fundamentais*. A designação diferenciada e a distância, por assim dizer, topográfica não são suficientes para eliminar o enquadramento dos direitos culturais no rol dos fundamentais, pois, como assevera Canotilho, "Não se trata de uma classificação contraposta à dos direitos, liberdades e garantias. São apenas direitos diferentes destes, sujeitos ao regime geral dos direitos fundamentais"[37].

Da exposição, infere-se que, em gênero, os direitos culturais são fundamentais, restando averiguar quais garantias institucionais estão disponíveis para sua plena efetivação.

O SISTEMA DE GARANTIAS DOS DIREITOS CULTURAIS

A compatibilidade da seção cultural da Constituição com a sua declaração de direitos fundamentais é algo evidenciado neste texto. Foi dito que o segundo Título da Constituição Federal do Brasil é denominado *Dos Direitos e Garantias Fundamentais*; até agora, os direitos foram enfocados, mas as garantias ainda não receberam o devido tratamento. Antes, porém, de aprofundar o tema, é recomendável elucidar uma confusão muito comum, ao se pensar que a palavra *direito* é sinônimo perfeito de *garantia*. Se assim fosse, o constituinte teria cometido um erro primário na designação do Título II da Constituição Federal, ao utilizar duas palavras sinônimas. Nesse caso, seria o mesmo que dizer "Dos Direitos e Direitos Fundamentais", o que não teria lógica.

Se, por um lado, não se pode entender *garantia* como perfeita equivalência de *direito*, por outro, algo têm em comum. Diz-se que, no aspecto da efetividade, um direito corresponde a uma simples declaração (ex.: todos podem realizar criações artísticas), já a garantia é o instrumento capaz de concretizar o que o direito declara (ex.: o Estado criará fomentos aos que não têm recursos para realizar as criações artísticas). As garantias são, portanto, direitos especiais, de natureza secundária, que somente entram em cena quando os direitos propriamente ditos não são respeitados ou não podem ser efetivados voluntária e espontaneamente. As garantias são,

---

[37] José Joaquim Gomes Canotilho, *op. cit.*, p. 538.

poderíamos dizer, direitos que asseguram direitos[38]. A concretização de um direito não raro exige múltiplas garantias, das mais diferentes naturezas – jurídicas, políticas, econômicas ou sociais[39]. Em síntese, as garantias são todos os elementos que convergem para que os direitos deixem de ser simples declarações e passem a se materializar na realidade.

Com esse entendimento, não fica difícil compreender que a seção constitucional da cultura é, em grande parte, uma extensão da declaração dos direitos culturais fundamentais dos Art. 5º ao 17 da Lei Superior, isso porque a referida seção os repete em formato distinto e mais explícito e, quando avança para além disso, não realiza extravagância maior do que lhes pormenorizar as garantias. Note-se, por exemplo, que estabelecer um plano de cultura, integrar a comunidade na gestão cultural, destinar recursos para a cultura, estabelecer inventários, registros, vigilância, tombamento e desapropriação, outras formas de acautelamento e preservação do patrimônio cultural e guarnecer os documentos públicos são essencialmente elementos garantidores dos direitos culturais declarados como fundamentais. Algumas dessas garantias podem ser modificadas ou até eliminadas, desde que sejam substituídas por outras, tão ou mais eficientes à concretização dos direitos que protegem. Se essas cautelas forem negligenciadas, haverá agressão aos princípios regentes do regime de direitos fundamentais, como detalharemos adiante.

---

[38] Cf. Jorge Miranda, *Manual de direito constitucional*, Tomo IV, Coimbra: Coimbra Editora, 1993, p. 349: "Clássica e bem atual é a composição dos direitos fundamentais, pela sua estrutura, pela natureza e pela sua função, em direitos propriamente ditos ou direitos e liberdades, por um lado, e garantias, por outro lado. [§] Os direitos representam por si sós certos bens, as garantias destinam-se a assegurar a fruição destes bens; os direitos são principais, as garantias são acessórias e, muitas delas, adjetivas (ainda que possam ser objeto de um regime constitucional substantivo); os direitos permitem a realização das pessoas e inserem-se direta e imediatamente, por isso, nas respectivas esferas jurídicas, as garantias só nelas se projetam pelo nexo que possuem com os direitos; na acepção jusracionalista inicial, os direitos declaram-se, as garantias estabelecem-se".

[39] Cf. Luís Roberto Barroso, *O direito constitucional e a efetividade de suas normas: limites e possibilidades da constituição brasileira*, Rio de Janeiro: Renovar, 2000, p. 121: "As diversas situações jurídicas subjetivas criadas pela Constituição seriam de ínfima valia se não houvesse meios adequados para garantir a concretização de seus efeitos. É preciso que existam órgãos, instrumentos e procedimentos capazes de fazer com que as normas jurídicas se transformem, de exigências abstratas dirigidas à vontade humana, em ações concretas. Autores tão distanciados no tempo como Georg Jellinek e Almagro Nosete, entre outros, apontam a existência de três ordens de garantias para o Direito: sociais, políticas e jurídicas".

Para que fiquem caracterizados como direitos fundamentais, devem também ser demonstradas as garantias que medeiam e cercam os direitos culturais. Essas garantias têm como propósito principal assegurar a efetividade dos direitos que protegem, resguardando-os de ações que os violem, bem como de omissões que os olvidem[40].

As garantias, à semelhança dos direitos fundamentais, geralmente têm assento na Constituição, mas essa não é uma regra absoluta. Ora, se a própria Constituição, como visto, admite a existência de direitos fundamentais fora do elenco que ostenta, por conseguinte, leva à conclusão implícita de que há as garantias respectivas, na mesma condição.

Conferindo complexidade a tal entendimento, também devem ser diferenciadas as garantias constitucionais das garantias institucionais: as constitucionais, presentes no Texto Maior; as institucionais, nem sempre, salvo no que concerne aos seus fundamentos de existência, também nele presentes. Sobre essa questão, Canotilho não se conforma com a diferença baseada unicamente no referencial de positivação dos direitos e das garantias individuais, dedutíveis ou explícitos na Norma Fundamental; para ele, é imprescindível a identificação da instituição que em *ultima ratio* anima a criação de certo ou de certos direitos fundamentais para, a partir daí, apontar-lhe as respectivas garantias, o que se evidencia ao argumentar que "as instituições, como tais, têm um sujeito e um objeto diferente dos direitos dos cidadãos". Para ele, são exemplos de instituições dessa natureza a maternidade, a família, a administração autônoma, a imprensa livre, o funcionalismo público e a autonomia acadêmica, uma vez que são "protegidas diretamente como realidades sociais objetivas e só indiretamente se expandem para a proteção dos direitos individuais"[41].

Transportando essa doutrina para a realidade estudada, aflora a questão: que instituições se escondem por trás da normatividade constitucional brasileira referente à cultura? Uma série de elementos auxilia na busca dessa resposta, entre os quais merecem destaque: 1) os princípios constitucionais culturais, vistos no capítulo anterior; 2) o método dedutivo

---

[40] José Joaquim Gomes Canotilho, *op. cit.*, p. 538.

[41] José Joaquim Gomes Canotilho *apud* Paulo Bonavides, *op. cit.*, p. 498.

de investigação científica e 3) o estudo das normas culturais de assento constitucional. Com esses instrumentos, podem ser vislumbradas grandes instituições culturais em nossa Constituição Federal, como a liberdade intelectual, a memória coletiva, o pluralismo cultural e a inclusão na vida cultural, todas indissociavelmente correlacionadas entre si e diretamente arraigadas nos fundamentos, nos princípios e nos objetivos de nossa República. Explicitar a presença de cada uma dessas instituições na Carta de 1988 equivaleria a repetir idêntico exercício, adiante realizado quando da demonstração dos princípios constitucionais culturais (ver o Capítulo 3).

Conhecidas as principais instituições regentes do segmento cultural, cabe agora revelar as garantias das quais são providas pelo ordenamento jurídico a fim de que se protejam contra ações danosas ou omissões à sua efetivação. Não se pode, porém, levar a termo essa tarefa de forma satisfatória sem refletir sobre a natureza própria dos direitos culturais no que concerne à efetivação, quando essa depende de prestações positivas por parte do Estado.

Viu-se que, tendo o *status* de direitos fundamentais, os direitos culturais devem ter eficácia plena e aplicabilidade imediata. Por outro lado, não se pode desconhecer que a natureza de vários deles difere dos direitos de liberdade, para os quais o papel preponderante do Estado consiste em um *non facere*, ou seja, em abstenção. Os direitos culturais, naquilo que pedem uma ação implementadora por parte do Poder Público, demandam, sim, ação pronta e imediata, mas que pode variar de acordo com a conjuntura socioeconômica e até mesmo com a adoção de uma nova e legítima postura axiológica, desde que fiquem respeitados os princípios e as regras constitucionais. Idêntico entendimento verifica-se em Jorge Miranda, para quem "os órgãos de decisão política hão de gozar, por certo, de uma relativa margem de liberdade – da liberdade de conformação a eles inerente e postulada pelo pluralismo democrático e pela alternância. Não, porém, de uma total liberdade"[42], dados os já mencionados limites constitucionais.

---

[42] Jorge Miranda, *op. cit.*, p. 349.

Para que fique mais claro, um exemplo: determina o § 3º do Art. 216 da Constituição brasileira que "a lei estabelecerá incentivos para a produção e o conhecimento de bens e valores culturais". Regulamentando essa prescrição, o legislador ordinário inicialmente entendeu que esses incentivos deveriam ser de natureza fiscal, a tirar pela edição da Lei Rouanet, Lei nº 8.313/1991, no que não pode *a priori* ser censurado. Contudo, poderia ter feito ou poderá vir a fazer outra opção de incentivo para incrementar a produção e o conhecimento de bens culturais. O que não se admite é a inércia no atendimento a esse preceito, fato que poderia ensejar o acionamento de uma ou mais garantias à efetivação dessa norma.

Prestam-se, pois, a assegurar os direitos culturais as mais distintas garantias existentes no ordenamento jurídico brasileiro, como as de natureza processual: ação civil pública, ação popular, mandado de segurança (individual e coletivo), mandado de injunção, ação de inconstitucionalidade (omissiva e comissiva), a depender do caso concreto, bem como outras de natureza estruturante do próprio Estado democrático de direito, como a partição das funções do poder político, a inafastabilidade do acesso à prestação jurisdicional e a participação popular. Não podem ser omitidas desses exemplos nem mesmo aquelas com aparência revolucionária, identificadas com o direito de resistência.

LOCALIZAÇÃO DIMENSIONAL: A PRESENÇA DOS DIREITOS CULTURAIS NAS DIVERSAS "GERAÇÕES" DE DIREITOS

No tópico "A hierarquia dos direitos como pressuposto da definição de um núcleo fundamental", o tema da localização dimensional, ou seja, da presença dos direitos culturais nas diversas gerações de direitos fundamentais já foi introduzido. No entanto, lá o aspecto preponderantemente abordado foi o da motivação para o surgimento de grandes blocos de direitos com características idênticas, designados por gerações ou por outras palavras que dão a ideia de unidade em termos de aspectos comuns. Agora, o intento é o de saber a qual ou a quais gerações se vinculam os direitos culturais, enfrentando mais diretamente a questão sobre um enquadramento exclusivo na segunda – a dos direitos sociais, econômicos e culturais – ou, em decorrência da multiplicidade de núcleos (artes, memórias, saberes), a averiguação de sua presença em todas as gerações.

Em termos bem genéricos, parte-se do entendimento de que os direitos são conquistas sociais coletivamente produzidas. Com o passar dos tempos, o homem procurou explicações racionais para sua existência na Terra. No plano das relações jurídico-políticas, foram vivenciadas diversas experiências de sistemas de governo. No rumo da construção da democracia, os cidadãos, às vezes em maioria, noutras por meio de uma vanguarda, exigiram e continuam a exigir cada vez mais participação pessoal e de sua coletividade na construção dos rumos nacionais, aspirando sempre melhores condições de vida. Essa inquietude infinita pode ser chamada de luta por direitos, que uma vez indispensáveis passam a ter a qualidade de fundamentais.

No que concerne à Grécia antiga, não se pode, a rigor, afirmar que já se falava em direitos humanos, uma vez que, imperando uma postura organicista, o cidadão não tinha vivência diferenciada da cidade-estado, sendo considerado uma parte da pólis[43]. Por outro lado, inegável e imensurável é a contribuição dos helênicos para todas as ciências e atividades humanas. Os gregos, na medida dos instrumentos que dispunham, vislumbraram para o ser humano o desenvolvimento pleno em aspectos que foram da moldagem do físico ao refinamento do espírito, abraçando assim uma concepção de vida sintetizada na expressão *arete*, cujo significado aproximado parte da "palavra 'virtude', na sua acepção não atenuada pelo seu uso puramente moral, e como expressão do mais alto ideal cavalheiresco unido a uma conduta cortês e distinta e ao heroísmo guerreiro"[44].

Cronologicamente superadas as experiências gregas de organização sociopolítica, cabe ressaltar um momento singular da história econômica da Idade Média, que foi o movimento comercial entre países e continentes, conhecido por mercantilismo, que propiciou o surgimento de uma classe que, mesmo não sendo nobre, amealhou fortuna e, por conseguinte, poder: a dos comerciantes, que veio a ser chamada de burguesia.

---

[43] Cf. Paulo Bonavides, *op. cit.*, p. 55.

[44] Werner Jaeger, *Paideia: a formação do homem grego*, São Paulo: Martins Fontes, 1995, p. 23.

De posse do poder econômico, mas achando-o insuficiente a seus interesses expansionistas, a burguesia traçou como meta assenhorear-se do poder político, tarefa difícil, uma vez que o sistema existente tinha base milenar assentada, entre outros, no dogma da investidura divina, na rígida e hierarquizada divisão de classes, com privilégios de nascimento para a nobreza. A burguesia precisava de aliado e o tinha bem próximo de si, o povo, como sempre sequioso por melhores dias, pleno de esperanças e fatigado de opressão. Fingindo ter os mesmos objetivos, tratou a burguesia de disseminar uma nova filosofia que revolucionava as relações vigentes, prometendo a todos uma situação de liberdade, igualdade e fraternidade.

A luz mais reluzente dessa promessa foi instalada na França do século XVIII, levando a burguesia a conquistar o poder, fazendo uso do povo, seu aliado de ocasião. Por esse motivo, atingido o objetivo, o traiu, mas não o fez impunemente. A participação popular na conquista de um novo modo de viver constituiu-se em um precedente: o povo percebeu sua potência, o que, daí em diante, permitiu gradativamente ampliar o leque de conquistas de direitos, sobretudo ao perceber que as flamejantes promessas de *liberté, égalité et fraternité* sempre foram e continuam a ser um desejo do agora, mas uma tarefa para os séculos.

Foi assim que os observadores da Revolução Francesa e dos desdobramentos sociopolíticos, que nas décadas e nos séculos seguintes lhes foram direta ou indiretamente tributários, compreenderam inicialmente que as três palavras-ideal representam gerações de direitos. Cada uma delas é caracterizada pelo surgimento em bloco de uma série de direitos, geralmente resultantes como resposta preventiva à repetição de eventos danosos e de grande impacto para a humanidade, sendo que os referidos bens jurídicos possuem um elemento axiológico comum, representado por um dos termos do lema revolucionário, como veremos adiante de forma muito sintética.

Os primeiros direitos conquistados, derivados diretamente da própria Revolução Francesa e do instrumento jurídico que consolidou seus ideais, a Declaração dos Direitos do Homem e do Cidadão, gravitavam em torno da ânsia por *liberdade*, que é a essência da primeira geração. Esta se caracteriza por tornar nítidos os espaços privativos do indivíduo, nos quais o

Estado perdeu a prerrogativa de se imiscuir, e se o fizer, se sujeita, inclusive, às reprimendas legais.

Liberdade entre desiguais intensifica as desigualdades. Foi o que demonstrou a experiência inicial da convivência humana com os primeiros direitos, caracterizadores do liberalismo. Eventos de ruptura com tal sistema, como as construções filosóficas de Karl Marx e as revoluções socializantes, a exemplo das ocorridas no México e na Rússia, pugnaram por igualdade, símbolo da segunda geração, caracterizada por um refinamento de exigências dos cidadãos. Estes não mais queriam que o Estado apenas se omitisse para que certos direitos pudessem ser exercitados, mas, ao contrário, passaram a exigir a atuação da máquina pública em favor de condições indispensáveis a uma existência digna.

Fraternidade, termo que vem sendo substituído paulatinamente por *solidariedade*, constitui o paradigma da terceira geração, na qual reina a convicção de que os direitos não se exercem apenas frente ao Estado, ora exigindo-lhe uma postura de abstinência, ora uma prestação positiva, mas também frente à sociedade, às coletividades e aos indivíduos. Esse bloco de direitos foi dolorosa e nitidamente vislumbrado a partir da Segunda Guerra Mundial, durante a qual se percebeu que os genocídios, os impactos ambientais, a fome e a aniquilação dos ícones memoriais são males que não conhecem fronteiras. Portanto, os direitos dessa geração são oponíveis contra quem quer que os ofenda; com frequência, é com base neles que se faz a defesa dos bens que formam o patrimônio de coletividades específicas ou de toda a humanidade, entre os quais o patrimônio natural e o patrimônio cultural.

Nesse aspecto, cabe salientar que a doutrina vem substituindo *gerações* por *dimensões* ou *esferas* de direito, não por preciosismo terminológico, mas para acentuar que o advento fático-temporal de uma não elimina a precedente, tal qual se verifica no plano sociobiológico, prontamente evocado pela primeira expressão. No mundo jurídico, o advento de novos direitos fundamentais deve ser sempre cumulativo aos já existentes[45].

Recapitulada brevemente a história da conquista de direitos fundamentais, segundo a sua classificação em gerações, resta analisar a qual

---
[45] Cf. Paulo Bonavides, *op. cit.*, p. 55.

delas pertencem os direitos culturais. Para essa tarefa, é importante observar alguns elementos de forma simultânea: o elenco medianamente aceito de direitos culturais (observação em concreto) e a definição de direitos culturais (observação em abstrato). Focando esses aspectos, conclui-se que os direitos culturais se fazem presentes em todas as gerações de direitos. E quanto mais próximas cronologicamente, mais fortes eles são.

Para comprovar essa assertiva, eis alguns exemplos:
- Primeiro: ninguém duvida que a liberdade de expressão por meio da arte é um direito cultural cujo exercício demanda que o Estado se abstenha de ações que a impeça. Trata-se, portanto, de um direito de liberdade, caracterizador da primeira geração.
- Segundo: o direito ao ensino básico enseja o acesso aos códigos padronizados e massificados da comunicação e da cultura. Mesmo sendo conhecido vulgarmente apenas como direito educacional, é por excelência um direito cultural que exige do Estado uma eficiente prestação positiva, a ponto de, no ordenamento jurídico brasileiro, vincular, em nível constitucional, expressiva parcela dos tributos a serem arrecadados por todas as pessoas jurídicas de direito público componentes da Federação. Trata-se indubitavelmente de direito de segunda geração.
- Terceiro: direito à proteção da atividade intelectual, exercível contra outrem que não unicamente o Estado, e direito de proteção do meio ambiente cultural (patrimônio edificado) contra a ação de predadores, visando proteger um interesse solidário de qualquer ser humano. Ambos são direitos culturais de terceira geração.

Outro aspecto a considerar, na já quase pacificamente aceita quarta geração de direitos, caracterizada pela consolidação da *democracia* em seu formato moderno e pluralista, é que essa seria uma geração de direitos eminentemente culturais, considerando que em sua base está o elemento ao mesmo tempo comum e diferenciador das nações, tanto nas comparações entre elas como na observação interna de seus rincões: a(s) própria(s) cultura(s) de cada uma.

3.
OS PRINCÍPIOS CONSTITUCIONAIS CULTURAIS

PRINCÍPIO OU PRINCÍPIOS?

A ideia de *princípio* como algo inicial é antiga e perdura até nossos dias. Há, entretanto, uma ininterrupta dinâmica de construção de parâmetros, de modo que um mesmo Ser pode ter *diferentes começos*, cada um deles coincidente com momentos axiologicamente relevantes. Momentos marcantes de *começos* seriam, por exemplo, eventos como concepção, surgimento efetivo, maturidade, ruptura, sucumbência, entre outros. A consequência dessa forma de apreensão é que os seres seriam regidos por princípios e não por um único princípio-mater.

Essa concepção, por assim dizer, pluralista dos princípios é atribuída a Anaximandro de Mileto (610-547 a.C.), o hipotético autor de *Sobre a natureza*. Ele partia da seguinte reflexão: como pode a realidade ser tão complexa e reduzir-se a um único princípio, elemento ou ser[1]? A conclusão induzida por esse questionamento parece contraditória pelo fato de que na escassa obra preservada de Anaximandro também está presente um Ser inicial, por ele chamado de o *indeterminado*[2]. No entanto, não há aí nenhuma contradição: o próprio nome do Ser primígeno já revela o seu

---

[1] O desenvolvimento científico parece ter vindo dar razão a Anaximandro. Observe-se, por exemplo, uma tabela periódica de elementos químicos, dando conta de que as matérias provêm de diferentes raízes e de combinações infinitas entre elas. Se a matéria não provém da unidade, imagine-se o seu produto ou o subproduto e de outros elementos conjugados, como é o caso das convenções sociais, sobretudo aquelas diretamente afetas e afetadas pelo direito.

[2] Cf. Friedrich Nietzsche, *Pré-Socráticos: Anaximandro de Mileto*, São Paulo: Nova Cultural, 1991, p. 18, coleção Os Pensadores.

caráter mutante, que ganha moldura segundo as forças atuantes na vida, entre as quais não se exclui a subjetividade humana.

Friedrich Nietzsche, rompendo com uma leitura historicamente consolidada dessa obra filosófica, sustenta que o criador difere das criaturas por ser imperecível, o que decorre da característica da mutação permanente, designada como o "vir a ser" de sua essência. Disso decorre que "a imortalidade e a eternidade do ser originário não está em sua infinitude e inexauribilidade – como comumente admitem os comentadores de Anaximandro –, mas em ser destituído de qualidades determinadas, que levam a sucumbir: e é por isso também que ele traz o nome de o *indeterminado*"[3].

Importante observação é feita por Fábio Konder Comparato, quando lembra que a modernidade prefere utilizar o termo *fundamento* a *princípio*, não por simples substituição, mas pela admissão de que os valores são agregados aos bens e aos elementos considerados matrizes dos demais, superando-se uma arqué desprovida de ética, ou seja, mero produto natural. Em sua argumentação, destaca a contribuição de Kant na apreensão dos fundamentos vinculados ao "supremo princípio da moralidade", o qual não é outro senão o "imperativo categórico, isto é, uma 'lei prática incondicional' ou absoluta, que serve de fundamento último para todas as relações humanas"[4], de se ter os comportamentos que se almeja para as outras pessoas.

Parte-se, por conseguinte, das ideias de 1) pluralidade de princípios e 2) princípios influenciados por valores para a realização do estudo do fenômeno jurídico, em sua totalidade e, também, especificamente, no tema dos direitos culturais.

CARACTERÍSTICAS DOS PRINCÍPIOS

Fixada a ideia de pluralidade de princípios, acentuadamente no mundo jurídico, é necessário identificar quando uma prescrição normativa ou um

---

[3] *Ibidem*, p. 18.

[4] Fábio Konder Comparato, "Fundamentos dos direitos humanos: a noção jurídica de fundamento e sua importância em matéria de direitos humanos", *Consulex*, Brasília: 2000, ano IV, n. 48, p. 53.

conjunto delas abrange, de forma implícita ou explícita, um ou mais princípios. Para tanto, deve-se identificar as características dos princípios.

Uma prática corriqueira entre os jurisconsultos, quando abordam esse tema, é a de comparar princípios com "regras" ou com "normas", de acordo com a filiação doutrinária. Isso porque, para certa corrente, as prescrições jurídicas formam o gênero do qual são espécies as *normas* e os *princípios*; outra corrente advoga que o gênero é norma e as espécies são *princípios* e *regras*.

Para que essa observação não fique vinculada a um academicismo diletante, deve-se esclarecer sua inserção num contexto que perscruta as características dos princípios, o que se faz a partir das seguintes questões: por que é necessário, para descrever princípios, compará-los com algo? Referente a essa comparação, há importância prática em dividir as prescrições jurídicas em *normas* e *princípios* ou em *princípios* e *regras*? Ou isso se trata de mais uma atividade estéril?

A tarefa sugerida somente pode ter desfecho satisfatório se esses questionamentos forem enfrentados. A necessidade de comparar *princípios* com *normas* ou com *regras* deve-se ao fato de que, no direito, todas as normas têm a mesma aparência física na redação legislativa (artigos, parágrafos, incisos, alíneas...), sendo diferenciadas quanto à substância, importância, hierarquia, aplicabilidade, validade, vigência etc.

Constatada a necessidade de comparar princípios para fazê-los substancialmente inteligíveis, persiste a questão de saber com o que compará-los: com normas ou com regras? Canotilho designa de "teoria da metodologia tradicional" a que trabalha a distinção entre normas e princípios, no entanto ele a refuta, sugerindo que "as regras e os princípios são duas espécies de normas; a distinção entre regras e princípios é uma distinção entre duas espécies de normas"[5]. Ao fazer sua vinculação doutrinária, o jurista relaciona nomes dos que partilham da mesma ideia, entre os quais: Dworkin, Alexy, Byldlinski, Dreier, Wiederin, Paulson, Walter. Contudo, omite não somente os adeptos do que chama de metodologia tradicional, bem como os seus fundamentos para dividirem as prescrições de direito em normas e princípios. A rigor, o constitucionalista sequer é

---
[5] José Joaquim Gomes Canotilho, *Direito constitucional*, Coimbra: Livraria Almedina, 1991, p. 172.

explícito no que concerne aos motivos de sua opção, deixando ao leitor um trabalho de inferência.

Há que se deduzir, porém, que a essência do debate está vinculada à aplicabilidade ou não dos princípios para a solução de casos concretos e para a máxima efetividade do direito vigente. Assim é que os juristas tradicionais, acostumados a um direito que nem sempre produzia efeitos no mundo das relações sociais – uma vez que, apesar de vigente, era ineficaz por continuar apenas no mundo dos princípios –, identificavam as prescrições jurídicas eficazes como normas; as demais, belas, ideais, hipoteticamente justas, mas ainda não disciplinadas pelo legislador ordinário, portanto incapazes de produzir efeitos "práticos como princípios"[6].

O superfortalecimento do constitucionalismo moderno, para o qual a Constituição ou Carta de Princípios não tem palavras inúteis e inaplicáveis[7], somado ao escalonamento normativo[8] difundiu as ideias de que princípios são aplicáveis a casos concretos e, mais que isso, no confronto de princípio com regra, aquele prevalece. Daí se conclui que fixar norma como gênero, e princípios e regras como espécies reforça uma postura ideológica nova e, sempre que surge outra perspectiva jurídica, dá-se ensejo à atualização da nomenclatura. Desse modo, para clarificar as características dos princípios no mundo jurídico, servirá de base comparativa, quando necessário, a outra espécie de norma: as regras.

A doutrina costuma enumerar como características dos princípios: 1) a abstração elevada; 2) a impossibilidade de aplicação a casos concretos sem

---

[6] Cf. Martonio Mont'Alverne Barreto Lima, "Jurisdição constitucional: um problema da teoria da democracia política", in: *Teoria da constituição: estudos sobre o lugar da política no direito constitucional*, Rio de Janeiro: Lumen Juris, 2003, p. 221.

[7] Cf. Willis Santiago Guerra Filho, *Processo constitucional e direitos fundamentais*, São Paulo: Celso Bastos, 1999, pp. 57-9. Esse autor, referindo-se à hermenêutica constitucional, enumera alguns princípios, entre os quais: "Princípio da máxima efetividade, também denominado princípio da eficiência ou da interpretação efetiva, por determinar que, na interpretação de norma constitucional, se atribua a ela o sentido que a confira maior eficácia, sendo de se observar que, atualmente, não mais se admite haver na Constituição normas que sejam meras exortações morais ou declarações de princípios e promessas a serem atendidos futuramente".

[8] Cf. Hans Kelsen, *Teoria pura do direito*, São Paulo: Martins Fontes, 1994, p. 247: "A ordem jurídica não é um sistema de normas jurídicas ordenadas no mesmo plano, situadas umas ao lado das outras, mas é uma construção escalonada de diferentes camadas ou níveis de normas jurídicas".

um intermediário qualificado (um juiz, por exemplo); 3) ter uma posição hierárquica superior às regras; 4) ser a fonte originadora de regras; 5) albergar a ideia de "direito bom" ou de "justiça"[9].

Quanto à jurisprudência, se for adotada, ao menos parcialmente, como fez a Corte Constitucional da Itália, a ideia de que "princípios do ordenamento jurídico [são] aquelas orientações diretivas de caráter geral e fundamental que se possam deduzir da conexão sistemática, da coordenação e da íntima racionalidade das normas que concorrem para formar assim, num dado momento histórico, o tecido do ordenamento jurídico"[10], concluiremos pela absorção, por parte dos tribunais, das características fixadas pela doutrina, acima relacionadas.

Em sentido mais próximo à ideologia que tenta a aproximação entre o direito e as pessoas por ele regidas (os destinatários), a fim de evitar a tragédia descrita por Ihering[11], convém cogitar se seria possível, seguindo o exemplo de Jesus[12], que simplificou o decálogo mosaico a apenas duas sentenças, oferecer-se uma ideia da importância do princípio jurídico acessível às pessoas, sejam elas iniciadas ou não nas letras jurídicas[13]. Em outras palavras, quais os objetivos e a importância do princípio jurídico?

---

[9] José Joaquim Gomes Canotilho, *op. cit.*, pp. 172-3.

[10] Paulo Bonavides, *Curso de direito constitucional*, São Paulo: Malheiros, 1994, pp. 229-30.

[11] Cf. Rudolf von Ihering, *A luta pelo direito*, São Paulo: Martin Claret, 2000, p. 86: "Será de admirar que um abismo profundo se tenha aberto entre o sentimento de justiça da nação e um direito desse tipo, que o povo não compreende seu direito e que o direito não compreenda o povo?".

[12] No Evangelho de Mateus 22: 35-40, lê-se: "E um deles, doutor da lei, para o experimentar, interrogou-o, dizendo: Mestre, qual é o grande mandamento na lei? Respondeu-lhe Jesus: Amarás ao Senhor teu Deus de todo o teu coração, de toda a tua alma, e de todo o teu entendimento. Este é o grande e primeiro mandamento. E o segundo, semelhante a este, é: Amarás ao teu próximo como a ti mesmo. Destes dois mandamentos dependem toda a lei e os profetas".

[13] Cf. Ferdinand Lassalle, *A essência da Constituição*, Rio de Janeiro: Lumen Juris, 2000, p. 3. A tentativa de elaborar construções científicas inteligíveis a todas as pessoas vem de longe. Lassale, em 1863, escreveu: "[...] não haverá entre vós uma única pessoa que possa deixar de acompanhar e compreender, do começo até o fim o que vou expor". E prossegue: "A verdadeira ciência [...] não é mais que essa clareza de pensamento que não promana de coisa preestabelecida, mas dimana de si mesma, passo a passo, todas as suas consequências, impondo-se com a força coercitiva da inteligência àquele que acompanha atentamente o seu desenvolvimento".

Considerando que a ideia de princípio está na consciência elementar da cidadania, sendo evocada intuitivamente como axioma[14], sempre e a qualquer momento em que se averigua sua violação, pode-se inferir que as suas principais finalidades são: 1) transformar em direito estatal a ética socialmente consagrada[15], a partir da retroalimentação do fluxo inverso e 2) oferecer parâmetros de simplificação do direito. Essas duas características teleológicas carecem de análise mais aprofundada.

Quanto ao atributo de transformar em direito estatal a ética socialmente consagrada, deve ficar subentendido que os valores resguardados no mundo do direito são aqueles vencedores da última batalha política, na qual o consenso, o sangue ou a submissão permitiram aos vencedores os louros da vitória, infundindo nas instituições de ensino, nos poderes públicos e nas esferas sociais a ideologia triunfante. Destaque-se que a utilização das expressões *última batalha* e *ideologia triunfante* firma a ideia de que o conflito de valores está sempre presente nas relações político-sociais, oferecendo a possibilidade de altercação. Figurativamente, pode-se afirmar que as batalhas entre valores são episódicas, mas a guerra é contínua.

Referente ao aspecto peculiar de o princípio oferecer parâmetros de simplificação do direito, é importante explorá-lo em virtude de dois fatores principais. O primeiro deles, já mencionado, é o de provocar a necessária aproximação entre a ciência jurídica e a cidadania. O outro é de ordem pragmática e de interesse até mesmo do mais hábil operador do direito, ainda que munido de apetrechos auxiliares, como os equipamentos de cibernética. Tudo isso em virtude das patologias conhecidas por *febre legiferante* e *caos normativo*, peculiares de um país que, embora possua quase

---

[14] Cf. Simone Goyard-Fabre, *O que é democracia?*, São Paulo: Martins Fontes, 2003, p. 153. A autora demonstra que o entendimento de princípios como axiomas remonta a Rousseau: "Com efeito, preocupado [...] com os 'princípios do direito político', Rousseau atribui à palavra 'princípios' o sentido forte de axiomas fundadores: procura descobrir, portanto, como ele mesmo diz, o que torna 'legítima' a condição política dos homens, seja a forma que adote ou possa adotar aqui ou acolá".

[15] Cf. Cármem Lúcia Antunes Rocha, *Princípios constitucionais da administração pública*, Belo Horizonte: Del Rey, 1994, p. 180: "Mas, no Estado Democrático, conforme observou D. Lucas Moreira Neves [...], 'os valores éticos são uma fonte de autoridade, fonte primordial e mais relevante do que outras fontes eventuais'. E é esta autoridade moral que legitima o comportamento da pessoa pública, cuja manifestação deve-se pôr em acordo a esta exigência superior da sociedade; sem ela a sua própria condição se dilui".

seis mil entes públicos, permite também aos particulares (pessoas naturais e jurídicas) a criação de normas. Ademais, recepciona certas prescrições do direito alienígena por meio das chamadas normas de *fattispecie* aberta.

O auxílio que os princípios podem oferecer à simplificação do direito positivo é constatável do seguinte modo: averiguada a impossibilidade de se conhecer e aferir a legitimidade de todas as normas produzidas pelas exuberantes e numerosas fontes existentes, pode-se mensurar essa legitimidade realizando hipotética e metaforicamente um exercício sensorial. Se a disposição normativa, ao ser comparada com os princípios que regem as relações sociais, não se encaixa adequadamente (tato), não soa ou cheira bem (audição e olfato), oferece um sabor intragável (paladar) ou se mostra nebulosa (visão), deve então ser cuidadosamente analisada para se saber se fere o ordenamento jurídico, merecendo ser dele expulsa, ou se se trata de exceção confirmadora de regra.

A CARTA DE PRINCÍPIOS

Visto o caráter de excelência dos princípios, é natural que eles sejam guarnecidos da melhor forma possível. Para realizar essa proteção, insere-se esse tipo de prescrição no texto normativo de maior prestígio de um ordenamento jurídico, a Constituição. Mas por que essa primazia do texto constitucional? Certamente ela não decorre do formalismo tal como concebido na teoria kelseniana, que simplesmente descreve o escalonamento normativo existente nas relações regidas pelo direito[16]. A superioridade constitucional advém de um poder constituinte legítimo, o de origem democrática, que tem como titular o povo ou, em uma simbologia já gasta, a nação. A partir dessa perspectiva, confia-se que a estrutura encarregada de redigir a Constituição – que, segundo Sieyès, é a "Assembleia representativa de uma nação" – não pode, quanto à sua finalidade, "ser diferente do

---

[16] Cf. Arnaldo Vasconcelos, *Teoria pura do direito: repasse crítico de seus principais fundamentos*, Rio de Janeiro: Forense, 2003, p. 79: "À primeira vista, pareceria não haver nenhuma dúvida de que a Teoria Pura do Direito é uma concepção positivista, ao mesmo tempo realista e empirista do Direito Positivo. Kelsen, ele próprio, reiteradamente o proclamou".

que a própria nação se proporia se pudesse se reunir e deliberar no mesmo lugar"[17]. Essa é a razão maior da superioridade constitucional, cujas formalidades apenas convergem como garantias[18] para a manutenção desse *status* de legitimidade[19] e para assegurar-lhe eficácia[20]. Do contexto decorre a conclusão lógica de que os mais importantes e abrangentes princípios de uma sociedade, quando juridicamente se organiza, ficam inseridos na Constituição.

Antes de revelar as formas de inserção dos princípios na Constituição, deve ficar esclarecido que, ao se falar em "mais importantes e abrangentes princípios", subjaz a ideia de que há outros menos importantes e mais restritos. Isso é possível, no sentido já amplamente difundido que classifica os princípios, *lato sensu*, em onivalentes, plurivalentes, monovalentes e setoriais[21] ou, *stricto sensu*, na seara jurídico-constitucional, em estruturantes, gerais e especiais[22].

A gradação da importância pode ser feita segundo a procedência do princípio: constitucional ou infraconstitucional. Seriam exemplos: 1) no âmbito da Constituição, a proteção da propriedade intelectual; 2) no âmbito da lei, o princípio da interpretação estrita dos contratos, em favor dos autores de obras literárias, artísticas e científicas.

---

[17] Emmanuel Joseph Sieyès, *A constituinte burguesa: o que é o Terceiro Estado?*, Rio de Janeiro: Liber Juris, 1988, p. 141.

[18] No que concerne às diferenças entre direitos e garantias, cf. Jorge Miranda, *Manual de direito constitucional*, Coimbra: Coimbra Editora, 1993, pp. 88-9.

[19] Cf. Paulo Bonavides, *op. cit.*, pp. 138-9: "A legitimidade de um poder constituinte assentado sobre a vontade dos governados e tendo por base o princípio democrático da participação apresenta uma extensão tanto horizontal como vertical, que permite estabelecer a força e intensidade com que ele escora e ampara o exercício da autoridade".

[20] Cf. Luís Roberto Barroso, *O direito constitucional e a efetividade de suas normas: limites e possibilidades da Constituição brasileira*, Rio de Janeiro: Renovar, 2000, p. 121: "As diversas situações jurídicas subjetivas criadas pela Constituição seriam de ínfima valia se não houvesse meios adequados para garantir a concretização de seus efeitos. É preciso que existam órgãos, instrumentos e procedimentos capazes de fazer com que as normas jurídicas se transformem, de exigências abstratas dirigidas à vontade humana, em ações concretas".

[21] Cf. Kildare Gonçalves Carvalho, *Curso de direito constitucional didático*, Belo Horizonte: Del Rey, 1997, p. 170.

[22] Cf. José Joaquim Gomes Canotilho, *op. cit.*, pp. 186-9.

Relativamente à abrangência, o princípio pode ser aplicável a todo o ordenamento jurídico ou apenas a setores desse, como acontece, por exemplo, com o respeito à dignidade humana, obrigatório em todos os campos de relações, seja do direito público, seja do privado, seja do social[23]. Diferente é o caso da publicidade dos atos, imperativo para a administração, mas facultativo para o setor privado, salvo casos pontualmente determinados pela lei.

Assim, cada relação sociojurídica é regida simultaneamente por uma pluralidade de princípios, alguns dos quais se aplicam a todas as demais relações, outros que são específicos do setor jurídico de maior proximidade com dita relação.

Vê-se, a partir do que foi dito, que a Constituição é, em termos do direito positivado, o repositório exponencial dos mais importantes e abrangentes princípios de um ordenamento jurídico, fato esse derivado de sua localização simbólica no ápice da pirâmide normativa, tal como originalmente elaborada por Adolf Merkl e amplamente difundida por Hans Kelsen[24]. O epíteto de Carta de Princípios fortalece a ideia da Constituição como éden dessa espécie de normas. É o que se constata, por exemplo, com a doutrina estadunidense, na qual os juristas comentadores dos artigos da Constituição de 1787 se referem quase sempre aos princípios que inspiraram os Pais Fundadores[25].

Mas como se apresentam e como se inserem os princípios nas Constituições? Se, para responder a essa pergunta, for seguida a ideia kantiana de que "o nosso conhecimento começa com a experiência"[26], o passo óbvio é averiguar a Constituição Federal de 1988, dada a sua atual vigência. O Título I guarda os mais elevados princípios que devem reger as relações sociais, políticas, econômicas e até afetivas. Mas esse arcabouço

---

[23] José Afonso da Silva, *Curso de direito constitucional positivo*, São Paulo: Malheiros, 1993, p. 35.

[24] Cf. João Maurício Adeodato, "Pressupostos e diferenças de um direito dogmaticamente organizado", in: *Boletim da Faculdade de Direito de Coimbra*, Coimbra: Coimbra Editora, 2000, p. 167.

[25] Cf. o teor da obra de Thomas Cooley, *Princípios gerais de direito constitucional dos Estados Unidos da América*, São Paulo: Revista dos Tribunais, 1982.

[26] Immanuel Kant, *Crítica da razão pura*, São Paulo: Nova Cultural, 1991, p. 25, coleção Os Pensadores.

principiológico é tão protuberante e intenso que, não cabendo na pequena dimensão do Título I, transborda os ideais constituintes por todo o texto constitucional. Observa-se que não há parâmetro ainda suficiente para uma resposta à pergunta formulada com base na ideia de que os princípios se inserem nas Constituições sempre de forma explícita, o que não é verdade. Aliás, a explicitação e a sistematização de princípios em Constituições é fenômeno recente. E mesmo as Constituições que, como a brasileira, explicitam princípios abrigam outros que, para serem conhecidos, precisam ser evidenciados pelos hermeneutas e doutrinadores[27].

OS PRINCÍPIOS EXPLICITADOS PELA CONSTITUIÇÃO FEDERAL

Seguindo a tendência de explicitar os princípios estruturantes do ordenamento jurídico, a Constituição Brasileira de 1988 é pródiga em evidenciá-los. Para além do Título I, a explicitação de princípios pode ser averiguada também em outras passagens, entre as quais:

• no Art. 21, XXIII, são relacionados os princípios para que a União desenvolva atividades com materiais nucleares;
• no Art. 34, VII, vê-se o rol dos chamados princípios sensíveis;
• no Art. 37, a relação dos princípios regentes da administração;
• o Art. 93 relaciona os princípios inerentes à magistratura pátria;
• o § 1º do Art. 127 menciona os princípios que balizam o Ministério Público;
• ao longo do Título VI podem ser colhidos princípios norteadores da tributação e do orçamento;
• estampam-se no Art. 170 os princípios gerais da atividade econômica;
• os princípios da educação estão catalogados nos Art. 206 e 207;
• o Art. 216-A, acrescentado à Constituição pela Emenda Constitucional nº 71, de 2012, relaciona os princípios regentes do Sistema Nacional de Cultura;

---

[27] Kildare Gonçalves Carvalho, *op. cit.*, p. 169.

- já os princípios atinentes às telecomunicações são relacionados nos Art. 211 e 223;
- no § 7º do Art. 226, podem ser localizados os princípios das relações familiares;
- no inciso V do § 3º do Art. 227, o conjunto de princípios a serem observados pela justiça quando da apuração de infrações atribuídas a crianças e adolescentes.

Em várias outras ocasiões, o texto constitucional abriga a palavra princípio, mas nem sempre no sentido desenvolvido neste livro; às vezes, utiliza-a como sinônimo de critério (Art. 46 e 178), evidenciando o caráter polissêmico do termo. O inverso também ocorre, ou seja, referindo-se a objetivos (ou outro termo); a rigor o constituinte elenca princípios, tal como ocorre no Art. 3º do texto constitucional[28]. Uma terceira circunstância digna de nota é constatada em razão da técnica de redação legislativa: para evitar repetição, em diversas passagens a Constituição remete o destinatário da norma aos princípios que adota; é o que acontece, por exemplo, no Art. 11 do Ato das Disposições Constitucionais Transitórias, que estabelece para a Assembleia Legislativa, com poderes constituintes estaduais, a obediência aos princípios da Constituição Federal.

OS PRINCÍPIOS INFERÍVEIS A PARTIR DA CONSTITUIÇÃO FEDERAL

Apesar da tentativa de explicitação dos princípios no texto constitucional, grande parte deles continua sendo conhecida por inferência do conjunto de valores que permeiam a normatividade. Não é o caso dos setores relacionados no tópico precedente (administração pública, educação, família, magistratura...), que, como visto, além de fartas prescrições, têm os princípios básicos literalmente revelados pelo texto constitucional. Diversos

---

[28] Cf. Eros Roberto Grau, *A ordem econômica na Constituição de 1988*, São Paulo: Malheiros, 1997, p. 76. O autor revela a polissemia inerente ao termo, trazendo as investigações de Jerzy Wróblewski e Genaro Carrió, os quais identificam, respectivamente, cinco e onze significações atribuíveis à expressão *princípios jurídicos*.

outros setores, formal ou materialmente constitucionais[29], figuram na Constituição tão somente a partir de um conjunto de regras. Contudo, tal qual não se concebe um corpo vivo desprovido de *anima*, não se admitem regras que não encarnem princípios.

Como o hermeneuta deve proceder para encontrar os princípios de um setor normativo pertencente ao direito constitucional, quando tais princípios não são revelados pela própria Constituição? E antes: quem pode ser considerado intérprete constitucional?

Principiando pela última questão, é de se considerar que a resposta perpassa pelas ideias de monismo e pluralismo jurídico. Segundo a concepção monista, apenas o Estado, por órgãos específicos, teria *competência* para interpretar as normas e extrair-lhes os significados e os princípios. Contrariamente, pela concepção pluralista, essa tarefa não somente pode, mas efetivamente deve ser compartilhada com outros atores da cena social, por motivos que extrapolam o formalismo de uma competência normativamente fixada e encontram fundamento no valor *legitimidade*.

A aceitação da pluralidade de intérpretes para a Constituição encontra respaldo na doutrina de Peter Häberle, para quem "uma análise genérica demonstra que existe um círculo muito amplo de participantes do processo de interpretação pluralista, processo este que se mostra muitas vezes difuso", mas que para vir a lume teve que romper com "um modelo de interpretação de uma 'sociedade fechada'", caracterizado por uma hermenêutica constitucional de exclusividade dos juízes, feita a partir de procedimentos formalizados[30].

A aplicação dessa concepção produz reflexos, portanto, nos órgãos definidos como competentes para identificar os princípios constitucionais e, a partir deles, solucionar as lides concretas ou abstratas atinentes à constitucionalidade de atos e normas. Gilmar Ferreira Mendes, por exemplo, contrasta a teoria de Häberle com a jurisdição constitucional e encontra

---

[29] Cf. esses conceitos em Carl Schmitt, *Teoría de la Constitución*, Madri: Alianza Editorial, 1996.

[30] Cf. Peter Häberle, *Hermenêutica constitucional: a sociedade aberta dos intérpretes da Constituição: contribuição para a interpretação pluralista e "procedimental" da Constituição*, Porto Alegre: Sérgio Antônio Fabris, 1997, pp. 11-2.

compatibilidade entre ambas[31]. Em contraponto, fazendo referência a Kant, quando esse advoga a supremacia do poder legislativo "porque somente ele representa a vontade coletiva", Martonio Mont'Alverne Barreto Lima radicaliza ao considerar que "é legítimo que se ponha em dúvida, portanto, o papel da jurisdição constitucional como protetora da supremacia constitucional, quando ela própria é suprema para o Estado e perante os demais poderes"[32].

Disso se conclui que a interpretação principiológica da Constituição está aberta a qualquer pessoa submetida ao ordenamento jurídico, embora existam órgãos normativamente predefinidos para este mister, com a incumbência de solucionar os casos submetidos ao Estado. No Brasil, quase todos esses órgãos se vinculam ao Poder Judiciário e, por essa razão, sofrem a crítica dos teóricos da Constituição que defendem a supremacia do Poder Legislativo ao entenderem que nele reside a vontade soberana do povo, sendo também o espaço no qual devem ser produzidas as normas gerais e abstratas, quer diretamente, por intermédio das votações convencionais, quer indiretamente, por meio da interpretação ou declaração de inconstitucionalidade.

Remanesce, ainda, a dúvida procedimental relativa à técnica a ser utilizada pelo hermeneuta para explicitar princípios não declarados no texto constitucional. Norberto Bobbio relaciona o que chama de os "três modos de fundar valores": o primeiro é "deduzi-los de um dado objetivo constante, como, por exemplo, a natureza humana"; o segundo consiste em "considerá-los como verdades evidentes em si mesmas"; e, quanto ao

---

[31] Cf. Gilmar Ferreira Mendes, *Direitos fundamentais e controle da constitucionalidade: estudos de direito constitucional*, São Paulo: Celso Bastos/Instituto Brasileiro de Direito Constitucional, 1999, p. 504: "Häberle esforça-se por demonstrar que a interpretação constitucional não é – nem deve ser – um evento exclusivamente estatal. Tanto um cidadão que interpõe um recurso constitucional quanto o partido político que impugna uma decisão legislativa são intérpretes da Constituição. Por outro lado, é a inserção da Corte no espaço pluralista [...] que evita distorções que poderiam advir da independência do juiz e de sua estrita vinculação à lei".

[32] Martonio Mont'Alverne Barreto Lima, "Jurisdição constitucional: um problema da teoria da democracia política", in: *Teoria da Constituição: estudos sobre o lugar da política no direito constitucional*, Rio de Janeiro: Lumen Juris, 2003, p. 225.

terceiro, resulta do consenso, que pode ser comprovado pela "descoberta de que, num dado período histórico, eles são geralmente aceitos"[33].

Entre os juristas brasileiros, Celso Antônio Bandeira de Mello recomenda, para desvelar princípios, que o intérprete busque enxergar o alicerce, ou seja, o fundamento valorativo sobre o qual se assentam as regras, bem como identificar os elementos que lhes conferem constância axiológica e harmonia[34].

As doutrinas referenciadas permitem sintetizar o procedimento a ser adotado pelo intérprete constitucional que deseja revelar os princípios de um dado segmento normativo: deve perceber, nas entrelinhas das regras, os valores eleitos pelo constituinte para a regência do conjunto normativo em apreço. Uma cautela, porém, é imprescindível: essa percepção deve ser harmonizada com os chamados princípios estruturantes, pois muitas vezes os novos princípios identificados de fato não constituem novidade por serem meros desdobramentos dos primeiros ou, como diz Canotilho, subprincípios. Esse cuidado é essencial para evitar a inflação de princípios e as armadilhas da "constitucionalização simbólica em sentido negativo"[35], fenômenos nefastos ao direito por provocar, em vez de harmonia e coerência, caos e balbúrdia no entendimento do sistema jurídico adotado, além de fomentar a ideia de postergação indefinida da efetividade das normas constitucionais.

OS PRINCÍPIOS CONSTITUCIONAIS CULTURAIS

Entre as matérias que, pelo texto originário da Constituição de 5 de outubro de 1988, não mereceram uma explicitação de princípios, está a

---

[33] Norberto Bobbio, *A era dos direitos*, São Paulo: Campus, 1992, p. 26. Note-se que o autor fala de valores. Como se desenvolve a ideia de que os princípios jurídicos são plenos de valores, as técnicas relacionadas adequam a explicitar princípios.

[34] Cf., a esse respeito, Celso Antônio Bandeira de Mello, *Curso de direito administrativo*, São Paulo: Malheiros, 1996, pp. 545-6.

[35] Marcelo Neves, *A constitucionalização simbólica*, São Paulo: Acadêmica, 1994, pp. 83 e 92.

cultura[36]. Tal realidade perdurou por mais de 24 anos, estendendo-se até a aprovação da Emenda Constitucional nº 71, em 29 de novembro de 2012, oficialmente publicada no dia posterior, que acresceu o Art. 216-A à Constituição Federal para instituir o Sistema Nacional de Cultura (SNC), "organizado em regime de colaboração, de forma descentralizada e participativa", a partir de "um processo de gestão e promoção conjunta de políticas públicas de cultura, democráticas e permanentes, pactuadas entre os entes da Federação e a sociedade, tendo por objetivo promover o desenvolvimento humano, social e econômico com pleno exercício dos direitos culturais" (*caput*).

Essa mudança constitucional, segundo sua própria literalidade (§ 1º), explicitou, não para todo o campo da cultura, mas especificamente para o SNC, os seguintes princípios: I – diversidade das expressões culturais; II – universalização do acesso aos bens e serviços culturais; III – fomento à produção, difusão e circulação de conhecimento e bens culturais; IV – cooperação entre os entes federados, os agentes públicos e privados atuantes na área cultural; V – integração e interação na execução das políticas, dos programas, dos projetos e das ações desenvolvidas; VI – complementaridade nos papéis dos agentes culturais; VII – transversalidade das políticas culturais; VIII – autonomia dos entes federados e das instituições da sociedade civil; IX – transparência e compartilhamento das informações; X – democratização dos processos decisórios com participação e controle social; XI – descentralização articulada e pactuada da gestão, dos recursos e das ações; e XII – ampliação progressiva dos recursos contidos nos orçamentos públicos para a cultura.

A análise das normas transcritas propicia algumas observações:

1) O *caput* do Art. 216-A já enuncia vários princípios (substancialmente em expressões ou sinônimos como colaboração, descentralização, participação, democratização, autonomia e fomento) que são reiterados nos

---

[36] Cf. Miguel Reale, *Cinco temas do culturalismo*, São Paulo: Saraiva, 2000, pp. 15 e 17. O fundador do culturalismo assegura que "hoje em dia a cultura pacificamente abrange também as atividades artísticas, religiosas e filosóficas", e a define como "unidade sintética de todos os objetos do conhecimento e das criações da espécie humana".

incisos do § 1º, com grande nitidez nos III, IV, V, VI, VIII e segunda parte do IX e X;

2) O acréscimo constitucional reitera como culturais os princípios que, de fato, são estruturantes, ou seja, já se fazem presentes em todo ordenamento jurídico por irradiarem seus efeitos a partir do Título I da Constituição; a alguns dos acima mencionados, acrescem-se: pluralismo, universalização e transparência;

3) O intento do constituinte reformador ao determinar que "o Sistema Nacional de Cultura fundamenta-se na política nacional de cultura e nas suas diretrizes estabelecidas no Plano Nacional de Cultura" foi o de criar a principiologia das políticas culturais e não propriamente dos direitos culturais. Porém, como há pontos indissociáveis e comuns entre ambos, não deixou de tangenciar o segundo tema.

A partir da última constatação, pode-se dizer que os princípios constitucionais culturais permanecem, ao menos parcialmente, implícitos no texto constitucional. Portanto, torna-se imperioso desvelar tais princípios para avaliar a estrutura normativa da cultura, bem como os atos concretos praticados pelos mais diversos agentes sociais e estatais na dinâmica do setor.

Adotando a técnica da dedução ou inferência, acima mencionada, com o fito de aprofundar o tema[37], identificam-se os seguintes princípios constitucionais culturais na Constituição Federal de 1988: princípio do pluralismo cultural; princípio da participação popular na concepção e gestão de políticas culturais; princípio da atuação do Estado no setor cultural como suporte logístico; princípio do respeito à memória coletiva; princípio da universalidade.

O *princípio do pluralismo cultural* indica que todas as manifestações da cultura brasileira têm a mesma hierarquia e *status* de dignidade perante o Estado. Nenhuma pode ser oficializada e tampouco privilegiada, não importando a origem, se de segmentos cultos ou populares. Infere-se esse

---

[37] A investigação sobre princípios constitucionais culturais, que ora almeja-se aprofundar, tem origem no curso de mestrado em direito (1995-1999) desenvolvido por mim na Universidade Federal do Ceará. Desse curso resultou a dissertação intitulada *Direitos culturais como direitos fundamentais no ordenamento jurídico brasileiro*, que foi publicada, com esse título, em 2000, pela editora Brasília Jurídica.

princípio de expressões como "o Estado garantirá *a todos* o pleno exercício dos direitos culturais". Está também na proteção da manifestação cultural e das datas significativas para as distintas etnias ("A lei disporá sobre a fixação de datas comemorativas de alta significação para os diferentes segmentos étnicos nacionais"), bem como no imenso acervo de valor jurídico do patrimônio cultural brasileiro. O princípio em apreço, no Art. 216-A, § 1º, I, aparece sob a designação de "diversidade das expressões culturais".

Intimamente ligado ao pluralismo cultural está o princípio da universalidade, posto que, ao garantir *a todos* o pleno exercício dos direitos culturais, e considerando que tais direitos envolvem atitudes ativas e passivas, como seriam, respectivamente, a realização e o usufruto de manifestações culturais, por exemplo, constata-se a impossibilidade de exclusão de qualquer pessoa de ter acesso às benesses culturais propiciadas pela sociedade e pelo Estado, segundo o ordenamento jurídico brasileiro. Note-se que a expressa previsão no Art. 216-A, § 1º, II, é mais acanhada que a presente construção doutrinária, pois vincula a universalização apenas ao "acesso aos bens e serviços culturais" e não aos demais direitos dessa natureza.

O *princípio da participação popular*[38] determina que os cidadãos, individualmente ou por organizações civis, podem opinar e deliberar diretamente sobre a política cultural a ser encetada. Da seção da cultura, esse princípio pode ser inferido sem qualquer dificuldade na prescrição determinante de que "O Poder Público, *com a colaboração da comunidade*, promoverá e protegerá o patrimônio cultural brasileiro". Contudo, pode ser encontrado em outros dispositivos constitucionais, como é o caso do inciso LXXIII, do artigo 5º, garantidor de que qualquer cidadão pode acionar a justiça, sem despesas, para proteger o patrimônio cultural[39]. Além disso, outras normas institucionalizam a participação por meio de conselhos, comissões e congêneres.

---

[38] Cf. Humberto Cunha Filho, "A Participação Popular na Formação da Vontade do Estado: um Direito Fundamental", *in: Willis Santiago Guerra Filho, Dos direitos humanos aos direitos fundamentais*. Porto Alegre: Livraria do Advogado, 1997.

[39] LXXIII – qualquer cidadão é parte legítima para propor ação popular que vise a anular ato lesivo ao patrimônio público ou de entidade de que o Estado participe, à moralidade administrativa, ao meio ambiente e ao patrimônio histórico e cultural, ficando o autor, salvo comprovada má-fé, isento de custas judiciais e do ônus da sucumbência.

O princípio do respeito à memória coletiva encerra a ideia de que todo o acervo cultural produzido pela nação não pode ser desconsiderado nas práticas públicas, devendo-se levar em conta tudo o que já foi vivenciado e feito por aqueles que antecederam a geração presente. O intuito não é seguir obrigatoriamente as mesmas trilhas, mas evitar que se percam os referenciais de origem que alimentam as reflexões sobre o presente e o porvir. Esse princípio se traduz na ordem de que o poder público resguarde a documentação governamental; na previsão de punição aos causadores de danos às referências memoriais; no tombamento, pela própria Constituição, de ícones de luta pela liberdade, tais como os quilombos e documentos a eles referentes"[40].

O princípio da atuação do Estado no setor cultural como suporte logístico indica que as iniciativas das práticas culturais devem ser essencialmente da sociedade e dos indivíduos, cabendo ao Estado dar o suporte necessário por meio de uma atuação que possibilite a infraestrutura necessária ao desabrochar dessas iniciativas. Deve-se, portanto, apoiar a dramaturgia, a literatura, as expressões populares, enfim, todas as manifestações culturais. No entanto, o conteúdo delas não pode ser ditado por quem gerencia os negócios públicos da cultura, salvo no caso de expressa ordem constitucional. O suporte logístico referido é implantado por tarefas específicas, como a construção de teatros, centros culturais, estruturas memoriais, viabilização de acesso a recursos públicos, dentro de certos critérios[41].

---

[40] Humberto Cunha Filho, *Teoria e prática da gestão cultural*, Fortaleza: Unifor, 2002, pp. 22-3. Cf., também, relativamente à memória coletiva, José Ricardo Oriá Fernandes, *Direito à memória: a proteção jurídica ao patrimônio histórico-cultural brasileiro*, 188f., dissertação (mestrado em direito público), Faculdade de Direito da Universidade Federal do Ceará, Fortaleza: 1995.

[41] Nesse ponto, sublinha-se que tarefas específicas atribuídas ao Estado não o tornam autorizado a proceder como se fosse um produtor cultural, papel este constitucionalmente reservado à sociedade civil, aos grupos e indivíduos, o que se afirma com amparo, dentre outros, no inciso IX do Art. 5º da Constituição Federal, o qual garante que "é livre a expressão da atividade intelectual, artística, científica e de comunicação, independentemente de censura ou licença". Também na seção especificamente destinada à cultura, a Constituição determina, no Art. 215, que "O Estado garantirá a todos o pleno exercício dos direitos culturais e acesso às fontes da cultura nacional, e apoiará e incentivará a valorização e a difusão das manifestações culturais". Portanto, quem deve determinar o conteúdo da produção cultural é a sociedade. Qualquer que seja a determinação, desde que dentro dos demais princípios democráticos, o Estado deve dar o suporte logístico necessário e possível.

Essa análise não pode omitir a relação direitos/deveres culturais, inerente ao direito como um todo, mas que demanda ênfase, em decorrência de uma circunstância histórica: em nossos dias são alardeados apenas os direitos culturais e praticamente omitidos os deveres culturais, a não ser quando devidos pelo Estado. É como se houvesse o entendimento de que somente este, relativamente à cultura, tivesse obrigações ou, em sentido inverso, que os grupos e os indivíduos fossem imunes aos ditos deveres. Esse pensamento, porém, é inadmissível em uma sociedade de iguais, uma vez que direitos sem deveres correspondentes equivalem a privilégios, que são aceitos apenas em regimes de castas sociais.

Norberto Bobbio observa que esse fenômeno é mais comum do que se imagina e decorre diretamente da ideologia individualista surgida com a modernidade, que dotou a sociedade de uma estrutura mecanicista na qual a ideia de direito precede a de dever. Trata-se de um contraponto à estrutura organicista da Antiguidade, quando os deveres vinham antes dos direitos[42]. Essa anomalia moderna deve, portanto, ser corrigida. A esse respeito, quando a Constituição define que o *Estado com a colaboração da comunidade promoverá e protegerá o patrimônio cultural*, atribui às partes que menciona – Estado e comunidade – direitos e deveres relativos a esse setor. Não bastasse isso, agrega-se a lembrança de que nosso ordenamento jurídico consagra a função social da propriedade, prescrição esta que se estende à seara cultural. Em outras palavras, aquele que recebe benefícios para atividades culturais deve minimamente compartilhá-los com a sociedade na qual se insere. Essa atitude, conhecida como contrapartida

---

[42] Cf. Norberto Bobbio, *Teoria geral da política: a filosofia política e as lições dos clássicos*, Rio de Janeiro: Campus, 2000, pp. 475-84. O autor desenvolve essas ideias no tópico intitulado "O Primado dos direitos sobre os deveres".

social[43], deve ser cuidadosamente mensurada para que dela não se utilize o Estado com o fim de direcionar os conteúdos das manifestações culturais, mas apenas para integrar o maior número possível de pessoas.

A dinâmica do direito e o próprio volume de matérias constitucionais inibiram, durante muito tempo, a explicitação de princípios para certos setores, entre os quais estava o cultural. Com o advento da Emenda Constitucional nº 71/2012, foram explicitados os princípios regentes das políticas culturais de natureza pública. Apenas tangencialmente foram tocados os princípios relativos aos direitos culturais, persistindo, ao menos em parte, uma lacuna que precisa ser suprida, sobretudo para possibilitar o conhecimento dos aspectos de unidade de um setor naturalmente plural e abrangente. É a partir do conjunto de princípios identificados para os direitos culturais (pluralismo, participação, atuação logística do Estado, respeito à memória coletiva e universalidade), bem como pela atenta observação da simultaneidade na relação direitos/deveres culturais, que devem ser analisadas a normatividade e a prática estatal frente a esse setor.

---

[43] Cf. Ana Carla Fonseca Reis, *Marketing cultural e financiamento da cultura*, São Paulo: Pioneira Thomson Learning, 2003, p. 213. Essa autora arrola sugestões relativas ao aperfeiçoamento da contrapartida social no Programa Nacional de Apoio à Cultura (Pronac): "Se o objetivo for democratizar o acesso à cultura, várias opções podem ser adotadas e combinadas: a) estabelecer que os projetos devem ter uma contrapartida de acesso à população, total ou parcial; b) escalonar tetos de dedução em percentuais variáveis, conforme o grau de envolvimento da comunidade; c) fixar limite ao preço máximo do ingresso ou de aquisição de serviço ou bem cultural gerado por meio de incentivos públicos (idealmente a um preço simbólico); d) limitar a concessão de incentivos fiscais aos propostos por empresas e instituições culturais sem fins lucrativos; e) promover levantamentos de acesso da população aos frutos dos projetos, caracterizando o público e o não público, como forma de definir prioridades de ação para os exercícios seguintes".

4.
OS DIREITOS CULTURAIS COMO GARANTIA DE AUTONOMIA DO CAMPO CULTURAL

A Constituição Federal de 5 de outubro de 1988, buscando harmonizar-se com antiga reinvindicação, conferiu ao setor cultural um sistema específico, especial e autônomo de exercício do poder. Porém, ao assim proceder, envolveu-se em um campo delicado da ideologia dos sistemas da representação, uma vez que o modelo adotado evoca, à primeira vista, a desconfiança de boa parte da doutrina política por estar fortemente baseado na ideia de *representação de interesses*. Com efeito, contra esse tipo de representação há motivos teóricos e experimentos históricos que depõem, de forma peremptória, contra sua utilização, posto que vinculados a regimes políticos excepcionais, excludentes e ditatoriais.

Entretanto, não se faz ciência a partir de dogmas e, em decorrência dessa convicção, devem ser investigados alguns aspectos que necessariamente precedem um juízo de valor sobre eventual erro ou acerto (do constituinte de 1987-1988 ou do seu intérprete) de se atribuir poder diferenciado e particular ao setor cultural para suas próprias decisões de natureza política. Por conseguinte, há que se resgatar as origens da representação de interesses, com os respectivos fundamentos, manifestações e experiências. Do mesmo modo, averiguar se tal representação foi extirpada ou conservada nos anseios políticos. E, ainda, verificar se há manifestações em gérmen desse procedimento representativo a caracterizar um ressurgimento em segundo grau para setores específicos, como o cultural.

A IDEIA DE REPRESENTAÇÃO POLÍTICA

A representação política é fenômeno paralelo à complexização da sociedade, quando esta, adotando a dicotomia público/privado, diferenciou-se do Estado que, sendo uma abstração, necessita de pessoas que lhe formulem a vontade (lei) e a ação (execução da lei). Para o exercício dessas tarefas, os diferentes segmentos sociais, geralmente numerosíssimos, não atuam em bloco ou em assembleia geral, por motivos até mesmo de ordem prática, mas enviam aos órgãos estatais pessoas que exponham, defendam e operacionalizem os pontos de vista da coletividade de que emanam. No contexto deste livro, portanto, entenderemos que representar é "estar no lugar de"[1] alguém perante o Estado, para o exercício de função pública, tal como defende Marilena Chauí.

Ideologicamente, a representação política tem natureza ambígua: de um lado, nasce da necessidade de justificação do poder, quando a investidura se dava por métodos não democráticos, assim entendidos os formulados basicamente pelos critérios da "força bruta da ordem divina"[2] ou da crença na superioridade de certas pessoas; de outro, enseja a exclusão do exercício direto do poder, pelo povo, que deve encetá-lo por meio de representantes. Imaginando-se metaforicamente a situação a partir da imagem de um globo e considerando-se a investidura não racional no poder localizada em um dos polos e a democracia direta no oposto, o sistema representativo estaria no ponto intermediário[3], pois, relativamente ao primeiro, avança no sentido de forçar uma fundamentação menos metafísica da autoridade. Mas, por convicção, não busca atingir o segundo, uma vez que reafirma

---

[1] Marilena Chauí, *Cultura e democracia: o discurso competente e outras falas*, São Paulo: Cortez, 2001, p. 286: "A não ser no caso da apresentação em pessoa ao tribunal, em todos os outros casos representação significa estar no lugar de".

[2] Cf., a esse respeito, Jorge Guillermo Federico Hegel, *Filosofía de la historia universal*, Madrid: Revista de Occidente, 1928, pp. 432-3.

[3] Cf. Hans Kelsen, *A democracia*, São Paulo: Martins Fontes, 2000, pp. 45-6. Usando a palavra parlamentarismo como figura simbólica da estrutura de representação, o autor ressalta que "É certo que democracia e parlamentarismo não são idênticos. Mas, uma vez que para o Estado moderno a aplicação de uma democracia direta é praticamente impossível, não se pode duvidar seriamente de que parlamentarismo seja a única forma real possível da ideia de democracia. Por isso, o destino do parlamentarismo decidirá também o destino da democracia".

o histórico argumento da incompetência[4] ou, quando menos, a impossibilidade fática do povo de se autogovernar. Esse último motivo decorreria de determinantes geográficos, consistente no fato de que o avolumamento da população e da dimensão dos Estados impediria a reunião pública e direta dos cidadãos na ágora, como faziam os antigos gregos. Importantes pensadores defenderam o sistema representativo, sob o pálio de pelo menos um desses argumentos, como Burke, Montesquieu, Sieyès, Schmitt, entre outros, conforme apanhado constante na obra de Paulo Bonavides[5].

A ideia de representação política foi, desde seu nascedouro, duramente rejeitada por determinadas correntes do pensamento, com destaque para aquelas vinculadas ao absolutismo, por pura incompatibilidade, de um lado, e ao ideal de democracia direta, de outro. Ligado à segunda linha de pensamento, o expoente maior desse antagonismo é Jean-Jacques Rousseau, para quem a ideia dos representantes é moderna, porém forjada no feudalismo como estratégia iníqua para afastar as intervenções populares em distintos momentos da história, tanto é que "nas antigas repúblicas, e inclusive nas monarquias, jamais o povo teve representantes: não se conhecia sequer esse nome"[6].

Rousseau não se dobra nem mesmo ao argumento pragmático de que a representação, antes de ser uma doutrina, é um imperativo em face do grande número de cidadãos dos Estados modernos. O filósofo busca a contra-argumentação na história da agigantada Roma, "onde os tribunos eram tão sagrados, sequer se haver imaginado pudessem eles usurpar as funções do povo, e, em meio de uma tão grande multidão, nunca terem tentado passar um só decreto oriundo de sua própria cabeça"[7].

Nessa crítica, Rousseau dá profundidade ao debate, tocando no tema dos modelos de representação. A primeira grande dúvida a esse respeito

---

[4] Edmund Burke, *Reflexões sobre a Revolução na França*, Brasília: UnB, 1982, p. 82: "Nenhuma representação de um Estado é válida e adequada se não compreende, ao mesmo tempo, sua aptidão e sua propriedade".

[5] Cf. Paulo Bonavides, *Ciência política*, São Paulo: Malheiros, 1994, pp. 204-5.

[6] Jean-Jacques Rousseau, *O Contrato Social e outros escritos*, São Paulo: Cultrix, [s. d.], p. 96.

[7] *Ibidem*.

consistia em evidenciar se os representantes deveriam, após receber os mandatos, atuar de forma a literalmente encetar a vontade dos eleitores (mandato imperativo)[8] ou, noutro sentido, se receberiam uma credencial de livre ação, balizada, no máximo, pelo fluido conceito de "interesse coletivo" ou algo equivalente (mandato livre)[9]. Na classificação de Bonavides, as situações descritas representam, respectivamente, as doutrinas da *identidade* e da *duplicidade* representativa. No primeiro caso, a vontade do eleitor é resguardada, pois o representante não passa de emissário; no segundo, é desprovida de proteção, uma vez que concorre com a vontade pessoal do representante, que prepondera[10].

O ponto frágil de cada um dos modelos é de fácil inferência: a doutrina da unidade transforma o representante em mero autômato ou, mais suavemente, em simples mensageiro; a da duplicidade tem a potência de divorciá-lo por completo dos eleitores. Constatado o impasse, como é natural acontecer, buscam-se soluções. A mais básica delas, intermediária e mista, explicitada na obra de John Stuart Mill, é a de somente ocorrer o governo representativo quando necessário e possível[11].

Outras ideias e experimentos vieram à cena política tentando compatibilizar representação e resguardo de poder pelo povo. Nesse sentido, um dos mais importantes eventos, sem dúvida, foi a criação dos partidos políticos, a partir dos quais se oferece a possibilidade da convergência de ideias combinada com o controle social dos parlamentares por mecanismos como o da fidelidade partidária[12]. A consolidação e a evolução dos partidos

---

[8] Cf. Ernst Bloch, *Droit naturel et dignité humaine*, Paris: Payot, 1976, p. 70. Esse autor, comentando a obra de Rousseau, vislumbra como máxima concessão do genebrino o mandato imperativo, face ao poder executivo: "O governo não existe senão por seu mandato, ele está sob as ordens de seu soberano legítimo: o povo" (tradução minha).

[9] Cf. Marilena Chauí, *op. cit.*, p. 294.

[10] Cf. Paulo Bonavides, *op. cit.*, pp. 202-3: "As indagações que de ordinário conduzem a discrepâncias resultam, porém, na máxima parte de saber se há 'duplicidade' ou 'identidade' com a presença e ação do representante, com a interveniência de sua vontade".

[11] Cf. John Stuart Mill, *O governo representativo*, São Paulo: Ibrasa, 1983, p. 49.

[12] Cf., a esse respeito, Maurice Duverger, *Introdução à política*, Lisboa: Estúdios Cor, 1964, p. 152.

políticos induziram ao aprimoramento do sistema representativo[13], produzindo um modelo em que determinadas decisões estatais decorrem das vontades casadas de representantes e representados. É o que se chama de democracia mista ou semidireta.

Nos primórdios da democracia semidireta, os encontros das vontades de eleitores e autoridades eram certos e breves, pois, quando ocorriam, findavam após a prática do referendo, do plebiscito e da iniciativa popular, mecanismos clássicos da fórmula. Efetivamente, mais uma técnica de legitimação do que de participação. Desse ponto inicial, avançou-se para uma necessária superação, consistente no entendimento de que o povo não é mero colaborador dos poderes constituídos[14], mas autoridade decisória nas searas normativas, executivas e até de julgamentos, nos casos e nos limites por ele próprio indicados na Constituição[15].

Para além da democracia semidireta, há ainda quem cogite o retorno da própria democracia direta, uma vez que os instrumentos da tecnologia atual (meios de comunicação e cibernética) seriam hábeis em suprir virtualmente a impossibilidade de reunião de todos os cidadãos em um mesmo ambiente, fato que determinaria uma eventual supressão intermediadora do representante[16]. Essa perspectiva embute algo de romântico, pois se fia no fato de que, encontrada uma solução material que permita

---

[13] Cf., a esse respeito, Lena Kolarska-Bobińska, "Social Interests and their Political Representation: Poland in transition", *The British Journal of Sociology*, London: 1994, v. 45, n. 1, pp. 111-26.

[14] Cf. Lawrence D. Longley, "Interest Group Interaction in a Legislative System", *The Journal of Politics*, Flórida: 1967, v. 29, n. 3, pp. 637-58: "A base do poder do grupo é percebida em alguma relação vaga entre o grupo de interesse e o modo de vida total da população [...] A aliança com o governador, como no caso de alianças com outros grupos de interesse, parece ser uma das atividades mais frutíferas do grupo de interesse que trabalha para o sucesso legislativo" (tradu-ção minha).

[15] Cf. Maurizio Cotta, "Representação política", *in:* Norberto Bobbio *et al.*, *Dicionário de política*, Brasília: UNB, 1994, p. 1106: "A complexidade da representação tem feito com que alguns critiquem o uso deste conceito e proponham desmembrá-lo. Em vez de representação, se deveria falar de seleção de lideranças de delegação de soberania popular, de legitimação, de controle político, de participação indireta e de transmissão de questionamento político".

[16] Cf. Dalmo de Abreu Dallari, *Elementos de teoria geral do Estado*, São Paulo: Saraiva, 1991, p. 130: "No momento em que os mais avançados recursos técnicos para a captação e transmissão de opiniões, como terminais de computadores, forem utilizados para fins políticos será possível a participação direta do povo, mesmo nos grandes Estados. Mas para isso será necessário superar as resistências dos políticos profissionais, que preferem manter o povo dependente de representantes".

a grande reunião dos cidadãos, esses estariam dispostos a restabelecer a democracia direta no modelo clássico. Ademais, desconsidera a cultura representativa consolidada durante séculos, a qual, mesmo sendo passível dos questionamentos até agora expostos, também tem vantagens, como a de não ocupar todos, o tempo todo, com as tarefas políticas, uma vez que a vida não se resume a isso[17].

Outras correntes, defendidas por cientistas políticos como Paulo Bonavides, analisam a democracia direta não mais pela forma exterior de sua prática, simbolizada pela reunião em praça pública. Elas buscam, por sua vez, revelar o que seria a sua substância, razão pela qual reformulam o conceito, sustentando que "o importante e essencial, absolutamente indispensável para definir hoje a identidade da democracia direta, é que o povo tenha ao seu imediato dispor, para o desempenho de uma desembaraçada e efetiva participação, os instrumentos de controle da mesma"[18].

Observa-se, assim, uma grande aproximação entre a mais avançada ideia de democracia semidireta e a teoria substancial da democracia direta, a ponto de fazer crer que se trata da mesma coisa, vista por ângulos distintos. A essência de ambas é a mesma: o povo define as normas básicas de convivência na Constituição, conservando a titularidade do poder e o direito fundamental de participar de todos os atos decisórios do Estado[19], na forma originalmente indicada.

No plano do direito positivo brasileiro, múltiplas formas participativas foram previstas na Constituição de 1988, desde as clássicas, já referidas, a outras inovadoras, por vezes vinculantes da própria atuação do Estado e até com autonomia em relação a ele[20]. Desse modo, sem abolir a repre-

---

[17] Cf. Hans Kelsen, *A democracia*, São Paulo: Martins Fontes, 2000, p. 49.

[18] Paulo Bonavides, *Teoria do Estado*, São Paulo: Malheiros, 1995, p. 354.

[19] Cf., a esse respeito, Marcel Prélot, *Sociologie politique*, Paris: Dalloz, 1973, pp. 516-9.

[20] Cf. Humberto Cunha Filho, "Participação popular na formação da vontade do Estado: um direito Fundamental", *in:* Willis Santiago Guerra Filho, *Dos direitos humanos aos direitos fundamentais*, Porto Alegre: Livraria do Advogado, 1997, pp. 88-9. Nesse trabalho, são abordadas as formas de participação popular nos tópicos "participação não-vinculante", "participação vinculante e autônoma" e "a participação informal: a questão da opinião pública", a partir de classificação originalmente formulada por Gomes Canotilho. Identificam-se, também, no texto da CF/88, as diversas prescrições constitucionais em que o povo tem o direito ou o dever de ser partícipe nas decisões do Estado.

sentação tradicional, a constituinte de 1987-1988 deu excelência à participação popular, revelando, em alguns casos, o formato explícito dessa participação, mas noutras vezes deixando-o apenas subentendido.

No desvelamento desses mecanismos participativos, sobretudo os que se relacionam ao setor cultural de um país com vocação notoriamente multicultural, deve-se levar em consideração a advertência de Friedrich Müller de que uma adequada noção de povo não é monolítica, mas, ao contrário, contempla a diversidade e o conflito como elementos essencialmente caracterizadores da democracia[21].

A IDEIA DA REPRESENTAÇÃO DE INTERESSES

No plano da ciência política, a ideia basilar da representação de interesses é bastante simples e consiste na convicção de que a formação da lei, enquanto expressão da vontade coletiva, será mais perfeita, útil, exequível, justa e, principalmente, correta se decorrer do somatório da vontade dos diversos segmentos sociais, pois ninguém melhor que os próprios interessados para saber suas reais necessidades.

Desse modo, os órgãos competentes para definir as normas de convivência deveriam ser compostos por representantes dos mais influentes segmentos sociais, e não de pessoas aleatoriamente escolhidas no seio da população, sem uma vinculação precisa com um dos referidos setores, como ocorre na adoção de mandato livre, por mero critério territorial. O resultado da representação de interesses, acreditam os defensores da ideia, somente pode ser benéfico, uma vez que a sociedade é formada por distintos atores, e, se cada um atuar bem, o resultado será satisfatório para a coletividade.

---

[21] Cf. Friedrich Müller, *Quem é o povo: a questão fundamental da democracia*, São Paulo: Max Limonad, 2003, p. 60.

OS PRECEDENTES DA REPRESENTAÇÃO DE INTERESSES

A partir da observação das ocorrências históricas relacionadas à representação de interesses, pode-se afirmar sua presença desde os primeiros sinais de alargamento da sociedade política, ou seja, desde o momento em que a família perdeu a exclusividade do exercício do poder, tal como relata Fustel de Coulanges ao descrever a composição dos primeiros senados[22], na Antiguidade, como uma corporação de representantes de interesses das famílias, uma vez que "só os patrícios podiam ser cônsules, e só eles compunham o Senado [...], administravam a justiça e conheciam as fórmulas da lei"[23].

Na Idade Média, a representação de interesses atingiu seu ponto extremo e se expressou pelo fenômeno político conhecido como pluralismo de centros de poder[24]. Embora sobre um mesmo território houvesse uma unidade moral exercida por um monarca, de fato não existia unidade normativa, visto que diversos núcleos de interesses editavam e executavam as próprias normas[25]. No dizer de Jorge Miranda, "os direitos aí são direitos das pessoas enquanto membros desses grupos ou estamentos, direitos de acentuado cunho institucional e concreto. E são também direitos funcionais de proteção e em concorrência uns com os outros"[26].

---

[22] Os senados das federações hodiernas persistem com a ideia da representação de interesses, só que não mais de famílias, mas de Estados-membros, os quais seriam, simbolicamente, na lógica aristotélica da evolução dos entes políticos, uma etapa a mais. Cf., por exemplo, A. Hamilton, J. Madison e J. Jay, *El federalista*, México: Fondo de Cultura Económica, 2001, p. 262. Esses autores consideram tão óbvio o direito de representação dos Estados, a partir de uma casa legislativa própria, que introduzem o tema com as seguintes palavras: "É igualmente supérfluo insistir na nomeação de senadores pelos legisladores dos Estados-membros" (tradução minha).

[23] Fustel de Coulanges, *A cidade antiga*, São Paulo: Martin Claret, 2001, pp. 276-7.

[24] Cf. Eugen Ehrlich, *Fundamentos da sociologia do direito*, Brasília: UnB, 1986, p. 33: "Dentro dos muros da cidade aparecia uma infinidade de associações *sui generis* e desconhecidas em outro lugar, desenvolvendo-se também uma vida jurídica bastante intensiva".

[25] Ernst H Kantorowicz, *Os dois corpos do rei: um estudo sobre teologia política medieval*, São Paulo: Companhia das Letras, 1998, pp. 17-8. Para constatar a dimensão essencialmente simbólica do rei, Kantorowicz revela que "a partir de seu maravilhoso acervo de exemplos jurídicos, Maitland conseguiu ilustrar, caso a caso, o absurdo dessa doutrina [dos dois corpos do rei]. Conta-nos a história do rei George III que teve de ir ao Parlamento pedir permissão para possuir terra como homem e não como rei, 'já que direitos não negados a qualquer dos súditos de Sua Majestade eram a ele negados'".

[26] Jorge Miranda, *Manual de direito constitucional. Tomo IV: direitos fundamentais*. Coimbra: Coimbra Editora, 1993, p. 19.

Já nessa fase, um segmento social destaca-se com autonomia na edição e na execução de suas próprias regras: são as corporações[27], que, assim como acontecia com os demais segmentos fortes da sociedade medieval, tinham poder de vida e morte sobre aqueles que estavam a elas ligados. Pode-se ter uma dimensão clara dessas prerrogativas a partir do relato que Robert Heilbroner oferece da decisão de uma Guilda francesa sobre uma simples alteração na quantidade de fios empregada na confecção de tecidos, que somente poderia ser levada a efeito "depois que o caso for considerado pelos quatro mercadores mais velhos e os quatro tecelões mais velhos da Guilda"[28]. No mesmo sentido, o "revolucionário" emprego de botões nas roupas provocou "avalanches de protestos" e atos coibitórios por parte das corporações que "demandaram o direito de dar buscas nas casas e guarda-roupas de quem quer que fosse, de multar e até mesmo prender nas ruas quem estivesse usando os tais renegados objetos subversivos"[29].

A Revolução Francesa, reflexo e instrumento de antagonismo ao *modus vivendi* medievo, rompeu com a ideia de representação de interesses, substituindo-a pela de mandato livre, baseada na convicção completamente inovadora de que os problemas de uma nação não poderiam jamais ser pensados de forma setorizada, mas em seu conjunto. Isso implicava observar as diversas conexões entre os diferentes interesses, atitude impossível de ocorrer pelo mero somatório deles. Esse pensamento ganhou positivação em diversas constituições de Estados liberais, dentre as quais a do Ano III, pós-derrocada da Bastilha, que reservou artigo especificamente para definir que "os membros da Assembleia Nacional são os representantes não do departamento que os nomeia, mas da França inteira"[30].

A sequência da história humana, que não tem, necessariamente, curso retilíneo ou progressivo[31], introduziu novos elementos ensejadores de uma

---

[27] Para uma definição mais precisa desse termo, cf. Paulo Sandroni, *Dicionário de economia e administração*, São Paulo: Nova Cultural, 1996, pp. 96-7.

[28] Robert Heilbroner, *A história do pensamento econômico*, São Paulo: Nova Cultural, 1996, pp. 32-3.

[29] *Ibidem*, p. 33.

[30] Paulo Bonavides, *Ciência política*, São Paulo: Malheiros, 1994, p. 208 (tradução minha).

[31] Boris Fausto, *História do Brasil*, São Paulo: Edusp, 2001, p. 15.

retomada da ideia de representação de interesses. Um fato decisivo concorreu para tanto: a Revolução Comunista da Rússia, influenciada pelos escritos de Karl Marx. Esse evento clamava pela construção de um governo dos trabalhadores, dos camponeses e dos soldados e, com efeito, uma vez conquistado o poder, mesmo observando que "na Lei Fundamental da URSS está escrito (artigo 59-101) que as eleições de deputados se efetuam, para todos os soviéticos, por sufrágio universal, igual, direto e secreto", constata-se que "os candidatos a deputados são apresentados pelos mesmos cidadãos: por suas organizações sociais de massa, coletividades trabalhistas e assembleias nas unidades militares"[32].

A ideia comunista colocou o mundo em polvorosa, pois continha um convite irrecusável aos excluídos que habitavam o planeta: chamava-os à concretização da igualdade, difundida universalmente desde a Revolução Francesa, porém jamais implantada[33]. Com muitos adeptos mundo afora, além de se espalhar na maior parte do território europeu, o movimento comunista tentou conquistar o poder nos países de capitalismo mais aguerrido. Por seu turno, o sistema econômico baseado na livre iniciativa teve que realizar uma autocrítica, o que no plano jurídico se manifestou por uma forte onda de modificação das Constituições, que passaram, ao menos nominalmente, a valorizar o trabalho e outros aspectos sociais, marcando, assim, o advento da segunda geração de direitos fundamentais[34].

O fato é que na tentativa de antagonizar o comunismo, mas aceitando em parte uma das ideias por ele veiculadas, a da crítica ao individualismo

---

[32] L. Grigorián *et al.*, *Conocimientos básicos acerca de la Constitución soviética*. Moscou: Editorial Progreso, 1980, pp. 176-7 (tradução minha).

[33] Marx e Engels, *Manifesto do Partido Comunista*, São Paulo: Martin Claret, 2000, p. 66: "O primeiro passo na revolução operária é a elevação do proletariado à classe dominante, a conquista da democracia. O proletariado utilizará seu domínio político para arrancar pouco a pouco todo o capital à burguesia para centralizar todos os instrumentos de produção nas mãos do Estado, ou seja, do proletariado organizado como classe dominante".

[34] Cf. Paulo Bonavides, *Curso de direito constitucional*, São Paulo: Malheiros, 1994, p. 518. Especificamente sobre a segunda geração de direitos fundamentais, o autor sintetiza: "São direitos sociais, culturais e econômicos bem como os direitos coletivos ou das coletividades, introduzidos no constitucionalismo das distintas formas de Estado social, depois que germinaram por obra da ideologia e da reflexão antiliberal deste século. Nasceram abraçados ao princípio da igualdade, do qual não se podem separar, pois fazê-lo equivaleria a desmembrá-los da razão de ser que os ampara e estimula".

exacerbado, produto básico da Revolução Francesa[35], os Estados capitalistas ensaiaram fórmulas de valorização do trabalho operário, fazendo ressurgir uma representação de interesse específico: a representação laboral.

A construção ideológica recente e a adoção fática da representação de interesses (especificamente a classista) são obras atribuídas a Benito Mussolini e serviram de modelo à configuração de considerável número de parlamentos do mundo ocidental[36]. Gilberto Amado observa que, nesse caso, a representação deslocou-se do plano político para os planos econômico e técnico, "e os seus órgãos, em vez de obedecerem aos princípios do constitucionalismo e da separação e harmonia dos poderes, obedecem a um sistema especial de hierarquias, sobrepostas umas às outras e articuladas na estrutura totalitária do Estado"[37], no qual, por conseguinte, não são reconhecidos direitos às minorias.

No Brasil, a representação de interesses atingiu seu apogeu com a Constituição de 1934, que geralmente é inserida no rol das democráticas[38]. Nessa Constituição, criaram-se vagas no Parlamento brasileiro, sobretudo para os representantes dos diversos interesses laborais e empresariais do país, na quantidade e no perfil constantes nos artigos 22 e seguintes, a partir dos quais se pode ver que o Poder Legislativo deveria ser exercido pela Câmara dos Deputados com a colaboração do Senado Federal. Enquanto o Senado teria dois representantes de cada estado e do Distrito Federal, eleitos mediante sufrágio universal, igual e direto por oito anos, dentre brasileiros natos, alistados eleitores e maiores de 35 anos, a Câmara dos Deputados deveria ser composta de representantes do povo, eleitos mediante sistema proporcional e sufrágio universal, igual e direto,

---

[35] Cf. Antonio César Ortega, "Corporatismo e novas formas de representação de interesses na agricultura: uma abordagem teórica", *Revista de Economia e Sociologia Rural*, Brasília: 1998, v. 36, n. 4, p. 10: "A origem dos conceitos utilizados pelo atual enfoque corporatista pode ser localizada na segunda metade do século XIX, quando o corporativismo se apresentava, desde as filas do catolicismo, como uma espécie de terceira via entre o individualismo liberal e o coletivismo socialista".

[36] Cf., a esse respeito, Ana Lucia de Lyra Tavares, *A Constituinte de 1934 e a representação profissional: estudo de direito comparado*, Rio de Janeiro: Forense, 1988.

[37] Gilberto Amado, *Eleição e representação*, Brasília: Senado Federal, 1999, p. 89.

[38] Cf. Pinto Ferreira, *Curso de direito constitucional*, São Paulo: Saraiva, 1999, p. 55.

mas também de representantes eleitos pelas organizações profissionais na forma que seria definida em lei.

O número total dos deputados deveria ser fixado por lei, balizada pelos seguintes critérios constitucionais: os do povo, proporcionalmente à população de cada estado e do Distrito Federal, não podendo exceder de um por 150 mil habitantes até o máximo de vinte, e desse limite para cima, de um por 250 mil habitantes; os das profissões, em total equivalente a um quinto da representação popular, eleitos na forma da lei ordinária por sufrágio indireto das associações profissionais compreendidas para esse efeito e com os grupos afins respectivos, nas quatro divisões seguintes: lavoura e pecuária; indústria; comércio e transportes; profissões liberais e funcionários públicos. Os territórios elegeriam dois deputados[39].

Sucedeu ao experimento mundial da representação classista a Segunda Grande Guerra, que colocou exatamente em polos antagônicos, no que concerne à liderança do conflito, de um lado, países adotantes de tal formato representativo, e de outro, aqueles não adotantes. Como se sabe, o Eixo, formado por Itália, Alemanha e Japão, violou a democracia e os valores humanitários básicos[40] e, por consequência, impregnou com um sentimento de repulsa tudo o que estava associado a ele, pois representava (e ainda representa), simbolicamente, uma das raízes do "mal".

Eis aqui o primeiro grande obstáculo ideológico enfrentado por uma reflexão sobre uma possível representação de interesses, definidora de políticas públicas, como seria o caso da cultura. Sepultado o fascismo e seus derivados, aberta a possibilidade de construção de uma sociedade irmanadora das nações, principiada a construção do conjunto dos direitos de terceira geração (os de fraternidade ou solidariedade), e tendo vencido de forma arrasadora, após todos esses fatos, a representação nacional, remanesce a questão: nos escombros do passado está enterrada também qualquer possibilidade de manifestação legítima da representação de interesses

---

[39] Ronaldo Poletti, *Constituições brasileiras: 1934*, Brasília: Senado Federal, 1999, p. 51.

[40] O mesmo fenômeno ocorreu com os atos dos Aliados, sob a liderança dos Estados Unidos. Porém, isso não é repercutido, pois a história é contada a partir da óptica dos vencedores.

em um Estado democrático de direito, como se adjetiva o Brasil em sua Constituição? A resposta é, seguramente, não[41], o que se sustenta com base na argumentação desenvolvida a seguir.

ABRANGÊNCIA DA REPRESENTAÇÃO DE INTERESSES

O desenvolvimento da representação de interesses pode se dar nos planos de produção, execução e aplicação das normas, o que a emparelha, em princípio, à clássica divisão dos poderes legislativo, executivo e judiciário.

No plano da produção de normas, há algumas razões a partir das quais se admite a representação de interesses. Em síntese, são estas:

1) A convicção de que toda a organização social deve ser implementada de forma mecanicista, a partir do somatório de interesses. Tal é, por exemplo, o caso já analisado da experiência fascista, execrada justamente pela democracia por motivos ideológicos e sentimentais (de repulsa atávica) e, ainda, por concordância com a forma organicista de estruturação social;
2) A conservação de prerrogativas e privilégios, por razões momentâneas ou reconhecimento histórico;
3) O império do conhecimento técnico-científico sobre o político, quando a situação fática demonstra não ser racional a adoção de medida discricionária em lugar de outra necessariamente emanada de padrões da ciência ou da técnica;
4) O reconhecimento da necessidade de tratamento específico, em virtude de peculiaridades do *modus faciendi* ou da teleologia implícita ou explicitamente definida pela sociedade por meio da Constituição política, em favor de determi-nado segmento.

---

[41] Paulo Bonavides, em sua *Ciência política* (p. 219), pondera que "tendo passado já a época da indiferença constitucional aos partidos, é de esperar que no futuro toda reforma da Constituição volva também suas vistas para a disciplina dos grupos de interesses. A ação política desses grupos incide de modo decisivo na feição dos governos e no comportamento dos governantes, sendo eles, sob o aspecto da importância de último granjeada, um dado sem dúvida fundamental ao bom entendimento do sistema representativo".

De forma concreta, tais fatores podem mesclar-se ou isolar-se, no todo ou em parte, para conferir a determinado setor a prerrogativa de produção de suas próprias normas.

No plano da execução de normas (executivo), a representação de interesses é justificada sobretudo pela competência técnica (*know-how*; *savoir-faire*) e, mais tenuemente, por razões políticas ocasionais como descentralização, parcerias[42] e controle ético. Já no que concerne à aplicação de normas (exercício análogo à jurisdição), o que embasa a representação de interesses, além dos fatores já mencionados, é o reconhecimento de que, em certas circunstâncias, o único julgamento justo ou pelo menos aceitável é aquele resultante da deliberação dos pares.

PARADIGMAS DA REPRESENTAÇÃO DE INTERESSES NO DIREITO BRASILEIRO VIGENTE

No atual ordenamento constitucional brasileiro, está contemplada a representação de interesses nos três aspectos analisados, ou seja, produção, execução e aplicação das normas[43]. Os casos mais emblemáticos e explícitos de autonomia na gestão de interesses contemplados na Constituição brasileira são aqueles relacionados aos setores do *esporte* e das *comunidades indígenas*, que merecem alguma pormenorização por serem considerados, aqui, paradigmáticos.

---

[42] Cf. Maria Sylvia Zanella Di Pietro, *Parcerias na administração pública: concessão, permissão, franquia, terceirização e outras formas*, São Paulo: Atlas, 2002, p. 34: "A parceria serve ao objetivo de diminuição do aparelhamento do Estado, na medida em que delega ao setor privado algumas atribuições que hoje são desempenhadas pela Administração, com a consequente extinção ou diminuição de órgãos públicos e entidades da administração indireta, e diminuição do quadro de servidores; serve também ao objetivo de fomento à iniciativa privada, quando seja deficiente, de modo a ajudá-la no desempenho de atividades de interesse público; e serve ao objetivo de eficiência, porque introduz, ao lado da forma tradicional de atuação da Administração Pública burocrática, outros procedimentos que, pelo menos teoricamente (segundo os idealizadores da Reforma), seriam mais adequados a esse fim de eficiência".

[43] Humberto Cunha Filho, "Participação Popular na Formação da Vontade do Estado: um Direito Fundamental", *in:* Willis Santiago Guerra Filho, *op. cit.*, pp. 88-9. Nesse trabalho relacionam-se as prerrogativas, constantes da Constituição brasileira, analisando-as sob os aspectos da vinculação e da autonomia, a partir de critério originalmente elaborado por Gomes Canotilho, em estudo da Constituição portuguesa. Cf., também, José Joaquim Gomes Canotilho, *Direito constitucional*, Coimbra: Livraria Almedina, 1991, pp. 430-1.

Quanto ao desporto, o inciso I do Art. 217 da Constituição Federal reconhece "a autonomia das entidades desportivas dirigentes e associações, quanto a sua organização e funcionamento", o que significa poder para gerir os próprios interesses, no plano administrativo. Porém, não cessam aí as prerrogativas do segmento, ao qual também é reconhecida uma jurisdição própria, pois, segundo a Constituição, "o Poder Judiciário só admitirá ações relativas à disciplina e às competições desportivas após esgotarem-se as instâncias da justiça desportiva, regulada em lei" (§ 1º do Art. 217). Diga-se ainda que tal autonomia não elimina a responsabilidade estatal de fazer "a destinação de recursos públicos para a promoção prioritária do desporto educacional e, em casos específicos, para a do desporto de alto rendimento" (Art. 217, II).

Relativamente às comunidades indígenas, o Art. 231 da Constituição estabelece que "são reconhecidos aos índios sua organização social, costumes, línguas, crenças e tradições, e os direitos originários sobre as terras que tradicionalmente ocupam, competindo à União demarcá-las, proteger e fazer respeitar todos os seus bens". Essa prerrogativa é tão intensa que enseja a construção de subsistemas de direito civil e penal. Nem mesmo o *jus puniendi* é preservado como monopólio do Estado quando se trata de comunidade indígena, em face da qual, segundo o Art. 57 do Estatuto do Índio (Lei nº 6.001/73), "será tolerada a aplicação, pelos grupos tribais, de acordo com as instituições próprias, de sanções penais ou disciplinares contra os seus membros, desde que não revistam caráter cruel ou infamante, proibida em qualquer caso a pena de morte".

A observação do perfil jurídico da gestão dos próprios interesses permite que sejam feitas algumas inferências:

1) Deve haver razoabilidade para se conferir gestão autônoma, segundo um ou mais dos critérios especificados no tópico "abrangência da representação de interesses", citado anteriormente;
2) A autonomia não atinge o *status* de soberania, pois se desenvolve dentro das balizas legais, ou seja, ao interesse particular de um dado setor precede o interesse geral estabelecido nas leis. Em outras palavras, a representação de interesses desenvolve-se em segundo grau, pois o primeiro grau

é definido pela lei que dá tratamento orgânico aos diferentes segmentos sociais. Vislumbra-se, nesse caso, uma verdadeira síntese dialética entre o antigo sistema da soberana representação de interesses (cujo ícone mais representativo é a Guilda medieval) e o da representação nacional pura, aniquiladora, ao menos em tese, dos interesses corporativos;

3) A gestão dos próprios interesses não exclui o segmento dotado dessa prerrogativa de poder receber os incentivos públicos e ainda assim conservar a autonomia que lhe seja peculiar e indispensável à própria razão de existir.

REPRESENTAÇÃO DE INTERESSES DO SETOR CULTURAL NA CONSTITUINTE DE 1987-1988

A observação do último processo constituinte originário do Brasil evoca a sabedoria bíblica "pelo fruto se conhece a árvore", já que o surgimento desse tipo de representação não se deu de modo espontâneo, resultando, ao contrário, em intensa prática participativa da comunidade cultural, da qual se originou o atual texto constitucional.

A consulta aos anais da Constituinte de 1987-1988 permite assim constatar, nos pronunciamentos parlamentares, a ação direta ou indireta do setor cultural de maneira a influir na redação final do texto. Para esse fim, considera-se influência indireta aquela que é omitida pelo constituinte, quando defende determinada estruturação normativa, sem qualquer referência à origem de suas ideias, dando a entender que o pensamento nasceu apenas consigo[44]. No sentido oposto, caracteriza-se aqui como influência direta aquela expressamente referenciada pelo representante, que faz questão de frisar ser um porta-voz das coletividades culturais organizadas.

Uma das grandes preocupações da comunidade cultural durante o processo constituinte vinculava-se à definição dos direitos intelectuais

---

[44] São exemplos os pronunciamentos dos constituintes José Luiz de Sá (PL-RJ), feito em 3 de abril de 1997, e Vladimir Palmeira (PT-RJ), datado de 4 de agosto de 1997.

com o *status* de fundamentais, sem, contudo, abrir mão da garantia de que os criadores e intérpretes manteriam o controle sobre a exploração de suas obras ou participações em obras de outrem[45]. Somente esse anseio já revelaria o interesse de gestão autônoma do segmento cultural, que, no entanto, aí não se esgota. Pode sintetizar as ambições do setor a ação do "Movimento pela Defesa da Cultura"[46], o qual, intermediado pelo constituinte Farabulini Júnior, do Partido Trabalhista Brasileiro em São Paulo, fez a crítica ao projeto de Constituição elaborado pela Comissão de Sistematização, contribuindo efetivamente para obter a mudança redacional de diversos artigos.

O movimento reivindicava, além de direitos de natureza trabalhista e previdenciária, aspectos essenciais para o estabelecimento da autonomia do segmento cultural, como a liberdade para as atividades culturais, casada com o incentivo público; participação em conselhos, com ênfase para o de comunicação; possibilidade de acesso das chamadas produções locais aos meios de comunicação de massa; ampliação do direito de antena para entidades sindicais e organizações populares.

Em síntese, um olhar panorâmico sobre a atuação do segmento cultural durante a última Assembleia Nacional Constituinte permite concluir que, tão forte como o produto normativo que garante a representação de interesse do segmento cultural, foi o processo do qual ele resultou.

---

[45] No Diário da Assembleia Nacional Constituinte de 29 de outubro de 1997, há pronunciamento do constituinte Edmilson Valentim (PC do B-RJ), intermediando essa reivindicação em nome da Associação dos Atores e do Sindicato dos Artistas e Técnicos em Espetáculos de Diversões do Rio de Janeiro, de Santa Catarina e do Distrito Federal; e também em nome da Associação Profissional de Artistas e Técnicos em Espetáculos de Diversões do Espírito Santo e de São Paulo.

[46] Compunham esse movimento, segundo o Diário da Assembleia Nacional Constituinte de 5 de maio de 1988, as seguintes entidades: Sindicato dos Artistas e Técnicos em Espetáculos de Diversões no Estado de São Paulo (Sated/SP); União Brasileira de Escritores (UBE); Associação dos Produtores de Espetáculos Teatrais do Estado de São Paulo (Apetesp); Sindicato dos Jornalistas Profissionais no Estado de São Paulo (SJSP); Associação Paulista dos Autores Teatrais (Apart); União dos Fotógrafos do Estado de São Paulo; Associação Paulista dos Críticos de Arte (APCA); Associação Brasileira dos Críticos de Arte (ABCA); Associação Ecológica Fiscais da Natureza; Sindicato dos Escritores no Estado de São Paulo; Sindicatos dos Trabalhadores na Indústria Cinematográfica; Associação Paulista de Cineastas (Apaci); Associação Profissional dos Artistas Plásticos; Associação Brasileira de Imprensa (ABI); Movimento Nacional pela Democratização da Comunicação (MNDC).

A EXPLICITAÇÃO DA REPRESENTAÇÃO DE INTERESSES DO SEGMENTO CULTURAL NO DIREITO POSITIVO VIGENTE

A partir desses parâmetros, pode-se averiguar o segmento *cultural*, no sentido de saber em qual medida ele pode ser gestor, legislador e julgador dos próprios interesses. Tendo em vista que a cultura é fartamente mencionada na Constituição Federal do Brasil[47], procederemos aqui de forma seletiva, pinçando apenas os dispositivos inerentes à autonomia de gestão.

Nesse sentido, o inciso IX do Art. 5º da CF assegura que "é livre a expressão da atividade intelectual, artística, científica e de comunicação, independentemente de censura ou licença". Além disso, outro dispositivo constitucional determina que "o Poder Público, com a colaboração da comunidade, promoverá e protegerá o patrimônio cultural brasileiro" (§ 1º do Art. 216); e um outro, o § 3º do Art. 216, determina que "a lei estabelecerá incentivos para a produção e o conhecimento de bens e valores culturais". A escolha dos três comandos constitucionais transcritos, como base normativa para a fundamentação da tese aqui defendida, não é aleatória. Ela se deve ao fato de que revelam a essência daquilo que o legislador constituinte definiu como prerrogativas essenciais do setor cultural no Brasil, entre as quais a gestão autônoma dos próprios interesses, incluindo aspectos normativos, executivos e de julgamento (aplicação do direito), como especificaremos adiante.

É de se notar que o dispositivo do Art. 5º, que se refere topicamente à plena liberdade das atividades intelectual, artística, científica e de comunicação, é prolixo, pois, não fosse um texto jurídico carecedor de precisão técnica, seria possível substituir todos os termos específicos por uma única expressão: *manifestação cultural*. O inciso IX do Art. 5º da CF poderia ter, portanto, a seguinte redação: "é livre a manifestação cultural, independentemente de censura ou licença".

---

[47] Cf. José Afonso da Silva, *Ordenação constitucional da cultura*, São Paulo: Malheiros, 2001, p. 42.

Para muito além dessa hipotética redação, algo deve ser ressaltado: a liberdade cultural conquistou *status* de direito fundamental[48]. É bem verdade que Constituições anteriores já continham prescrição análoga no seu rol de direitos[49], mas a Constituição vigente diferenciou-se das que a precederam em aspectos fundamentais: previu não apenas a liberdade para a cultura, mas também gestão participativa (Art. 216, § 1º) e, ademais, o apoio do próprio Estado para o exercício dessa liberdade, conforme visto no transcrito § 3º do Art. 216.

Eis aqui uma equação que demanda desfecho: ter a obrigação de apoiar uma atividade (a cultural) cuja essência é a liberdade de expressão e que, por isso mesmo, não raras vezes faz a crítica do compulsório apoiador, o próprio Estado e sua administração. E mais: aquele que realiza a manifestação cultural recebeu do constituinte originário a incumbência de funcionar como uma espécie de ouvidor (ou *ombudsman*) dos sentimentos sociais, podendo a qualquer tempo manifestar o que pensa sobre o *status quo*, com liberdade acentuada, uma vez liberado jurídica e politicamente dos grilhões da censura e da licença. A solução desse dilema está, de fato, em questão mais afeta aos culturólogos que aos juristas: a autonomia da cultura.

Como o nosso intento é demonstrar que a Constituição brasileira vigente possibilitou, ao menos no plano deontológico, instrumentos contribuidores para a construção dessa autonomia da cultura, faz-se necessário dedicar algumas linhas ao tema.

---

[48] Cf. Humberto Cunha Filho, *Direitos culturais como direitos fundamentais no ordenamento jurídico brasileiro*, Brasília: Brasília Jurídica, 2000, pp. 37-61.

[49] Cf. Celso Ribeiro Bastos; Ives Gandra Martins, *Comentários à Constituição do Brasil (promulgada em 5 de outubro de 1988)*, São Paulo: Saraiva, 1989, p. 58. Os autores identificam na Constituição de 1824: Art. 179, nº 4 e 5; na Constituição de 1891: Art. 72, §§ 3º, 12, 28, e 29; na Constituição de 1934: Art. 113, nº 4 a 6 e 9; na Constituição de 1937: Art. 122, nº 4 e 15; na Constituição de 1946: Art. 141, §§ 5º e 7º a 9º; na Constituição de 1967: Art. 150, §§ 5º a 8º; na Emenda Constitucional nº 1/69: Art. 153, § 8º.

A HISTÓRICA BUSCA DE AUTONOMIA DO SEGMENTO CULTURAL

A história demonstra que é frequente as manifestações culturais serem economicamente dependentes, submetendo-se a diversos senhores (ou patrocinadores, na linguagem atual), como os reis, a Igreja e os mecenas. Os criadores intelectuais, patrocinados dessa forma, jamais tiveram liberdade de externar precisamente o que pensavam ou mesmo o que queriam, sob pena de perder a proteção do benfeitor[50].

O Estado moderno também fomentou a arte de seu interesse, normalmente aquela que faz a apologia da corrente ideológica que domina o poder, bem como aquela que se coaduna com a formação do chamado sentimento nacional. As demais manifestações culturais são, em geral, excluídas das benesses, quando não perseguidas brutalmente.

Na pátria da indústria cultural, os Estados Unidos, a mesma agressividade que as autoridades demonstram no plano bélico elas o fazem no controle de algumas manifestações culturais e na difusão de outras, na direta proporção de seus interesses, isso tanto em território americano como estrangeiro. O livro-denúncia de Frances Stonor Saunders, *The Cultural Cold War: The CIA and the World of Arts and Letters*, revela que "durante a chamada Guerra Fria, o governo dos Estados Unidos destinou vastos recursos a um programa secreto de propaganda cultural na Europa ocidental", com o objetivo de "afastar a *intelligentsia* [...] para longe de sua renitente fascinação pelo marxismo e pelo comunismo, bem como aproximá-la do estilo de vida americano"[51].

Também no âmbito interno dos Estados Unidos, na mesma época, se não houve prêmio ou incentivo público às artes engajadas com os valores

---

[50] Cf. Arnold Hauser, *História social da arte e da literatura*, São Paulo: Martins Fontes, 2000, pp. 28-9: "Os primeiros e, por muito tempo, os únicos empregadores de artistas foram sacerdotes e príncipes [...]. Sacerdotes e príncipes exigiam do artista representações solenes, majestosas e altaneiras; uns e outros encorajavam-no a permanecer estático em suas concepções e submetiam-no aos seus próprios objetivos conservadores [...] Cada um tr 129 atou de recrutar a ajuda do artista na luta pela preservação do poder real ou sacerdotal [...]. Em tais circunstâncias, estava fora de questão a existência de uma arte autônoma".

[51] Frances Stonor Saunders, *The Cultural Cold War: The CIA and the World of Arts and Letters*, Londres: The New Press, [s. d.], p. 1 (tradução minha).

capitalistas, pela própria natureza do sistema americano, muita repressão e controle recaiu sobre os trabalhadores intelectuais, em decorrência do "clima de intolerância e racismo durante o domínio do senador McCarthy"[52].

Mas esse controle da cultura não se resume ao capitalismo. Na China, na União Soviética, em Cuba e no Leste Europeu comunista, as artes e demais manifestações culturais apoiadas e não perseguidas são aquelas que materializam as experiências do que ficou conhecido como "socialismo real" e que vão ao encontro dos interesses da Revolução. Em discurso de Nikita Kruschev, extrai-se a essência desse pensamento sobre a relação do Estado socialista com o segmento cultural, ao explicitar que "a imprensa, o rádio, a literatura, a pintura, a música, o cinema e o teatro são aguçadas armas ideológicas de nosso partido"[53].

O mesmo diapasão desafinador da liberdade cultural também contaminou a história brasileira, principalmente a que contempla o período do Estado Novo, durante o qual foi construída a essência da normatividade balizadora da atuação estatal relativa à cultura. Nesse período, que se confunde com a Era Vargas, a atuação estatal, segundo Alexandre Barbalho, foi no sentido de que os "setores da intelectualidade com visões contrárias ao regime, os confrontivos, não só foram marginalizados do circuito cultural criado pelo governo, como ainda foram perseguidos, presos e torturados, além de perderem seus empregos e terem suas obras censuradas"[54].

O período militar principiado em 1964 teve comportamento idêntico: criou e fomentou instituições culturais, protegeu a fatia da inteligência nacional ideologicamente afinada com o poder estabelecido e, em tentativa

---

[52] Leda Boechat Rodrigues, *A Corte de Warren (1953-1969): Revolução Constitucional*, Rio de Janeiro: Civilização Brasileira, 1991, p. 86: "Os principais atingidos pelo clima de medo e de suspeita, habitualmente explorado pelos demagogos, foram os trabalhadores intelectuais, que passaram a exercer suas funções sob constantes ameaças de inquéritos e expurgos. O anti-intelectualismo nos Estados Unidos atingiu tal nível na década de 50, que este termo, raramente ouvido antes, tornou-se de uso corrente. A oposição aos intelectuais, escreveu Richard Hofstadter, era mais antiga e sofrera flutuações; recrudescera em fase da progressiva proeminência destes na vida americana".

[53] Nikita Kruschev, *Kruschev e a cultura*, Rio de Janeiro: Cadernos Brasileiros, 1963, n. 4, p. 59.

[54] Alexandre Barbalho, *Relações entre Estado e cultura no Brasil*, Ijuí-RS: Unijuí, 1998, pp. 47-8.

nem sempre exitosa, buscou dizimar as demais correntes divergentes, mesmo que não antagônicas[55].

A GESTÃO AUTÔNOMA DA CULTURA E O RESPEITO À VONTADE GERAL

Demonstrado não ser rara a dependência do setor cultural frente ao Estado e, além disso, a incompatibilidade dessa dependência para com o papel constitucional reservado a tal setor (*ombudsman* social), sobretudo em um país democrático, imperioso se faz encontrar uma fórmula que considere os seguintes valores: 1) ampla liberdade de expressão; 2) submissão dessa liberdade ao interesse geral (algo equivalente à *volonté générale* de Rousseau), o que gera uma autonomia de segundo grau; 3) apoio do Estado, sob a forma de fomento, quando necessário, independentemente do conteúdo a ser veiculado, salvo se contrário à subsistência da democracia e dos valores fundamentais que a acompanham. Essa fórmula, como visto, já é reconhecida pela Constituição brasileira para outros setores (desporto e populações indígenas, por exemplo), consistindo no fato de que o Estado desenha apenas a macromoldura normativa do segmento, para adequá-lo ao todo do interesse nacional, mas o comum e o constante das decisões constituem competência do setor cultural, sob pena de usurpação de prerrogativas constitucionais, desrespeito às singularidades e desconsideração das técnicas peculiares.

Precisamente por todas essas características, a gestão autônoma da cultura, em segundo grau, mesmo que não esteja explicitada, encontra respaldo no ordenamento jurídico brasileiro, a partir dos direitos culturais, e

---

[55] Cf. Alexandre Ayub Stephanou, *Censura no regime militar e militarização das artes*, Porto Alegre: EdiPUCRS, 2001. Esse autor historia a censura sobre o filme *Esta noite encarnarei no teu cadáver*, de José Mojica Marins, o Zé do Caixão, que nada tem de subversivo e desenvolve em suas películas temáticas relativas ao sobrenatural, especialmente sobre a vida após a morte. Como se vê, o Estado controlador das artes não se contenta em banir apenas o contrário à sua ideologia, mas lavora para que tudo seja favorável a ela. No caso específico, a justificativa para a censura baseava-se na convicção de que o filme não se compatibilizava com a "evolução do moderno cinema nacional", e por essa razão o censor sugeriu a prisão do produtor (pp. 247-8).

contempla também aspectos de produção, gestão e aplicação de normas, de acordo com a sistemática que desvelaremos a seguir.

O SEGMENTO CULTURAL E A SUA PRODUÇÃO AUTÔNOMA DE NORMAS

A palavra *autonomia*, etimologicamente, é bastante reveladora: *auto + nomos*, ou seja, capacidade de produzir as próprias normas, o que é atributo indispensável de quem postula independência. Precisamente para o setor cultural, a autonomia normativa desdobra-se na produção de: 1) normas reconhecidas pelo Estado e 2) normas produzidas enquanto Estado.

No primeiro caso, situa-se o *subsistema normativo da cultura*, composto pelas prescrições que dizem respeito às técnicas de produção cultural. Um exemplo seriam as regras para admissão, disciplina e reconhecimento de membros dentro de um segmento artístico. Trata-se de delicado aspecto, em virtude de uma característica especial das manifestações culturais, a criatividade, que, somada ao direito à livre manifestação, permite a insurreição contra as normas padronizadoras da produção cultural, ensejando, tal rebeldia, a sanção do não reconhecimento dos pares que pertencem ao centro produtor das normas afrontadas. Essas mesmas características (criatividade e liberdade) autorizam os dissidentes a criarem outras normas e outros parâmetros de admissão, disciplina e reconhecimento cultural, igualmente legítimos. Nesse sentido, infere-se que é mais correto falar não em subsistema, mas em *subsistemas normativos culturais*, existentes em pluralidade incalculável, como também o são as possibilidades dessa sorte de manifestações.

No segundo caso, a representação de interesse cultural atua por convocação desse ente político, o qual recebe o embasamento teórico ou técnico pertinente a uma adequada atuação, considerando sempre o interesse geral. Seria o caso, por exemplo, da interferência dos literatos e demais envolvidos na seara da literatura, como fornecedores de subsídios à elaboração daquilo que é designado por política do livro. Ou, então, em aspectos que permeiam distintos setores da cultura, definições de políticas por parte de conselho do setor, cuja composição contemple a pluralidade da representação das manifestações.

Note-se que não são estanques os dois aspectos relativos à produção autônoma de normas pelo setor cultural. O primeiro necessariamente influencia o segundo, e vice-versa, pois não se pode conceber, por exemplo, que uma única corrente literária influencie com exclusividade a máquina estatal quando essa atua na produção de normas relativas ao setor, pois isso equivaleria à morte do pluralismo (princípio constitucional cultural) e da criatividade (característica essencial da cultura).

A cultura e a administração dos próprios interesses

Mesmo diante da constatação da produção autônoma de normas por parte do segmento cultural, para a respectiva execução, no âmbito estatal, continua em princípio a prevalecer a regra de que a máquina administrativa as implementa. Seria o caso de um *conselho da política de cultura* decidindo as ações a serem encetadas, ficando a operacionalização dessa política a cargo da estrutura administrativa dos poderes constituídos[56]. Surgiria para o órgão representante da cultura (no caso, o conselho) uma obrigação situada na fronteira do legislativo com o executivo: a fiscalização, cujo objetivo é garantir que seja materializado aquilo que foi decidido pelo legislador.

Porém, há funções executivas que podem e outras que devem ser delegadas pela administração ao setor cultural. As que podem relacionam-se com a expertise para a execução de tarefas; as que devem envolvem julgamentos de mérito sobre qualidade das produções culturais, bem como relações interpessoais no estrito ambiente das atividades relacionadas ao setor.

A cultura e seus "tribunais"

---

[56] Jean-Jacques Rousseau, *op. cit.*, pp. 96-7. Até mesmo Rousseau, paladino da ideia de que no plano legislativo era inconcebível que alguém fizesse as vezes de um corpo eleitoral, defendia que a representação consistia em imperativo relativamente à função executiva do poder, formada por nada mais que o corpo concretizador das decisões soberanas. O autor de *O Contrato Social*, para os dias atuais, mesmo omitindo exceções, não deixa de ter razão, pois, a partir da instituição do Estado de direito, a lei é a baliza pré-elaborada das relações interpessoais, para execução da qual se cria uma máquina administrativa, composta de servidores e estruturas pagas pelos cidadãos, e que deve implantar as deliberações contidas nas normas por ele produzidas, quer de maneira direta ou por representação.

A prerrogativa de julgar constitui desdobramento da tarefa executiva. Assim também pensava John Locke, que não tripartia o poder da mesma maneira que Montesquieu[57]. De fato, pode-se sustentar que julgar é aplicar a lei de forma imparcial e em caráter definitivo[58]. Esse conceito está em contraposição ao papel atribuído ao Estado-administração, que aplica a lei sendo parte interessada, inclusive para implantar o programa vencedor das eleições que instituíram as autoridades investidas de mandatos eletivos.

Nesse sentido, o exercício de julgamentos também acompanha a atividade cultural. Muitos deles, sob pena de erro e violação de prerrogativas, devem ocorrer em esfera própria. A característica desses julgamentos abriga essencialmente as questões de técnica e disciplina ética. Exemplos podem ser esclarecedores: se o Estado deseja premiar uma obra artística de certa modalidade, essa decisão deve ser de um tribunal do segmento específico. Também, em outra hipótese, se se deseja punir o plágio, a avaliação meritória desse ilícito deve ser de órgão específico – que, aliás, já existiu[59] e potencialmente voltará a existir[60] no Brasil.

De tudo o que foi visto, não é difícil concluir que a gestão pública da cultura demanda tratamento *sui generis* relativamente às regras gerais de direito administrativo, em virtude das diversas peculiaridades referidas. Esses aspectos singulares demandam o constante compartilhamento entre

---

[57] Cf. John Locke, *Ensaio acerca do entendimento humano: segundo tratado sobre o governo*, São Paulo: Nova Cultural, 1991, pp. 273-4. Locke considera a existência dos poderes: legislativo, "o que tem o direito de estabelecer como se deverá utilizar a força da comunidade no sentido da preservação dela própria e de seus membros"; executivo, o que "acompanha a execução das leis que se elaboram e ficam em vigor"; e federativo, o que encerra "o poder de guerra e de paz, de ligas e alianças, e de todas as transações com todas as pessoas e comunidades estranhas à sociedade".

[58] Cf. José de Albuquerque Rocha, *Estudos sobre o Poder Judiciário*, São Paulo: Malheiros, 1995, p. 23.

[59] Trata-se do Conselho Nacional de Direitos Autorais, sucessivamente criado e reformado pelos Decretos nº 76.275/75, 84.252/79 e 93.629/86, o último dos quais definitivamente revogado, por Decreto sem número, em 06/09/1991.

[60] Diz o artigo 100-B da Lei nº 9.610/1998, acrescido pela Lei nº 12.853/2013: "Os litígios entre usuários e titulares de direitos autorais ou seus mandatários, em relação à falta de pagamento, aos critérios de cobrança, às formas de oferecimento de repertório e aos valores de arrecadação, e entre titulares e suas associações, em relação aos valores e critérios de distribuição, poderão ser objeto da atuação de órgão da Administração Pública Federal para a resolução de conflitos por meio de mediação ou arbitragem, na forma do regulamento, sem prejuízo da apreciação pelo Poder Judiciário e pelos órgãos do Sistema Brasileiro de Defesa da Concorrência, quando cabível".

o poder público e os segmentos culturais emanados da sociedade civil na elaboração e execução de políticas para o setor, tudo em função da necessidade de efetivar os valores constitucionais culturais, entre eles, um com força garantística: a autonomia.

5.
CIDADANIA COMO IMAGEM E REFLEXO DOS DIREITOS CULTURAIS

Conhecer, reconhecer a importância, decodificar a teoria, dotar de autonomia e garantias os direitos culturais são atitudes que vêm acompanhadas de questionamento pragmático, sintetizado em uma pergunta: por quê? Esta, se ampliada, resultaria no despudorado desejo de saber o seguinte: em que isso é socialmente útil? Esse tipo de dúvida, juntamente com as usuais respostas para ela, evidencia bastante o desconhecimento do tema e, portanto, reafirma a necessidade de difundi-lo. As justificativas raramente passam da superficialidade, quando não são completamente deslocadas do foco principal. Ademais, quase sempre ficam no nível de um utilitarismo primário, que é degradante diante da potencialidade inerente aos direitos estudados. Enfim, costuma-se destacar a importância dos direitos culturais em função do lazer e da ocupação de tempo ocioso – como divertimento, terapia ou até mesmo prevenção da prática de crimes.

Essas ideias têm base em gigantescas falácias e são daquelas que nos fazem confundir forma com conteúdo, não por simples equívoco de entendimento, mas por inconfesso ardil de manter as coisas como sempre foram. São herdeiras e legatárias da ideia *panis et circenses*, do período em que essa expressão tinha o puro significado de alienação popular pelo entretenimento, frequentemente tingido de sangue, e pela saciedade dos instintos primários. O equívoco que buscam sedimentar tenta confundir cultura com espetáculo e este com atividade que permite "gastar" o tempo em coisas distanciadas das reivindicações e da fiscalização dos governantes.

O advento dos direitos culturais mudou tudo. A base deles, segundo a Declaração Universal dos Direitos Humanos, passou a ser a "participação na vida cultural da comunidade", o que significa simplesmente exercício da cidadania. Trata-se de algo profundo e abrangente, pois revela o grande objetivo dos direitos culturais, que é o de dotar cada pessoa da capacidade de fruir, discutir e até propor mudanças nos modos de criar, fazer e viver, em todos os domínios de interesse e deliberação coletivos, não apenas aqueles diretamente ligados aos mundos artístico e memorial, mas também os do cotidiano mais premente, como saúde, segurança pública, mobilidade urbana e quaisquer outros.

Para dar conta de tão agigantada tarefa, o campo cultural não deve e não tem como se tornar um gerenciador universal, mas pode fazê-lo se atuar sobre algo presente, que é a necessidade de servir ao bem comum, a ser obtido com o constante desenvolvimento da cidadania. Desse modo, a partir dos tradicionais núcleos que o identificam, o campo cultural, com as expressões da arte, da memória coletiva e do fluxo dos saberes, deve ter preocupação e comprometimento com as potencialidades humanas, promovendo a reflexão sobre sua compatibilidade com valores por todos almejados, como igual dignidade e justiça.

Reafirma-se, assim, que o objetivo último dos direitos culturais é, à semelhança do fogo sagrado outrora existente e permanentemente aceso em cada lar, o de lembrar o elemento comum e congregador de uma sociedade agora laica e pluralista, que é a cidadania. Como ela se manifesta em sua forma genérica, tal qual o debate sobre uma específica cidadania cultural, passa a ser desenvolvida como reflexo dos direitos culturais.

CIDADANIA NA CONSTITUIÇÃO E NA DOUTRINA

Cidadania, na Constituição brasileira, é mais que um direito ou um conjunto deles; é mais que um princípio ou toda uma estrutura principiológica; é, de acordo com o Art. 1º, II, um dos fundamentos da República, que se constitui em Estado democrático de direito, baseado no reconhecimento de que todo o poder emana do povo, que o exerce diretamente ou por meio de representantes eleitos, nos termos nela indicados. De fato, no texto constitucional, a palavra *cidadania* tem mais sete outras aparições[1] além da mencionada, e a palavra *cidadão*, no singular ou no plural, pode ser encontrada uma dúzia de vezes[2], sempre para se referir, num e noutro caso, a prerrogativas especiais, como direitos individuais e de participação na vida pública, ocupando cargos ou fiscalizando autoridades, bem como as respectivas garantias.

Mas a expressão, com suas variações, não aparece apenas no artigo que inaugura o texto constitucional. Saïd Farhat entende que "a palavra cidadania é utilizada em três sentidos intimamente correlacionados: 1) designa a qualidade ou o estado de ser cidadão, 2) todos os cidadãos, coletivamente, e 3) o conjunto de direitos e deveres inerentes àquela qualidade"[3]. Por seu turno, José Afonso da Silva, fazendo indicações do direito positivo, explícito ou implícito, também destaca a abrangência e a multiplicidade semiótica do termo, nos distintos momentos em que aparece ou é sugerido na Constituição brasileira, para além do Art. 1º, II e III, nos quais enxerga, respectivamente, os sentidos de "soberania popular" e "o conceito de dignidade da pessoa humana"[4].

Na expansão de seu estudo, fazendo referência ao Art. 5º, LXXVII, segundo o qual "são gratuitas as ações de *habeas corpus* e *habeas data*, e, na forma da lei, os atos necessários ao exercício da cidadania", entende que ela "está aqui num sentido mais amplo do que o de titular de direitos políticos. Qualifica os participantes da vida do Estado, o reconhecimento do indivíduo como pessoa integrada na sociedade estatal", significando, ademais, "que o funcionamento do Estado estará submetido à vontade popular"[5]. E ao comentar a aparição da palavra no Art. 205, inserida no contexto de que "a educação, direito de todos e dever do Estado e da família, será promovida e incentivada com a colaboração da sociedade, visando ao

---

[1] Cf. Art. 5º, LXXI e LXXVII; Art. 22, XIII; Art. 61; Art. 62, § 1º, I, a; Art. 68, § 1º, II; Art. 205.

[2] Cf. Art. 5ª, LXXII; Art. 58, § 2º, V; Art. 74, § 2º; Art. 89, VII; Art. 98, II; Art. 101; Art. 103-B, XIII; Art. 130-A, VI; Art. 131, § 1º; Art. 144, § 10, I; Art. 8º, § 3º e Art. 64, sendo esses dois últimos do Ato das Disposições Constitucionais Transitórias (ADCT).

[3] Saïd Farhat, *Dicionário parlamentar e político: o processo político e legislativo no Brasil*, São Paulo: Fundação Peirópolis/Melhoramentos, 1996, p. 119.

[4] José Afonso da Silva, *Comentário contextual à Constituição*, São Paulo: Malheiros, 2006, p. 36.

[5] *Ibidem*.

pleno desenvolvimento da pessoa, seu preparo para o exercício da cidadania e sua qualificação para o trabalho", José Afonso da Silva entende que, nesse caso, a cidadania é reconhecida "como base e meta do regime democrático"[6].

O mesmo autor arremata seu entendimento sobre a temática defendendo que cidadania, na Constituição, tem os seguintes significados: 1) "pertinência à sociedade estatal"; 2) titularidade de direitos fundamentais; 3) reconhecimento da dignidade da pessoa humana; e 4) "integração participativa no processo do poder, com a igual consciência de que essa situação subjetiva envolve também deveres de respeito à dignidade do outro, de contribuir para o aperfeiçoamento de todos"[7].

De sua parte, Maria Victória Benevides, dialogando com Silvio Caccia Bava, diretor da Associação Brasileira de Organizações Não Governamentais (Abong), em entrevista veiculada no *site* da Rede de Direitos Humanos e Cultura, após ser lembrada de que "existem significados distintos que são atribuídos ao conceito dependendo de quem fala" e questionada sobre "o que é cidadania hoje", sustentou ser "sinônimo de participação, ou seja, de não omissão, indiferença etc., em relação ao exercício do poder"[8]. Desse modo, ao promover a simbiose entre os conceitos de cidadania e de participação, a socióloga partilha do entendimento de Marcel Prélot, para quem "a participação pode ser definida como este aspecto do comportamento político no qual o Cidadão intervém na Cidade, como membro desta, embora seja, *vis-à-vis* a ela, pessoa distinta"[9].

Genuíno Amazonas de Figueiredo, em outro enfoque, lembra a origem da ideia de cidadania vinculada às expressões artísticas, mais precisamente à máscara usada pelos atores, chamada de *persona*, como instrumento de projeção da voz, fazendo perceber a sua conexão com o direito de emitir pública e sonoramente sua opinião sobre os acontecimentos da vida coletiva. Resgatando a evolução do termo, ele lembra que "de máscara o vocábulo passou a significar o papel que o ator desempenhava em cena; e, por último,

---

[6] *Ibidem.*

[7] *Ibidem.*

[8] Disponível em: <http://www.dhnet.org.br/direitos/sos/textos/victoria.htm>. Acesso em: set. 2017.

[9] Marcel Prélot, *Sociologie politique*, Paris: Dalloz, 1973, p. 519 (tradução minha).

por analogia, os romanos significaram com este vocábulo o papel que cada homem representa no grande palco da vida"[10].

Isso concebido, importa sublinhar, ao menos em gênero, as formas mais usuais do exercício da cidadania, que pode ser levada a efeito, como já sugerido anteriormente, por meio de participação indireta (representação) ou participação direta (o próprio povo). Mas a observação sistêmica da Constituição permite também inferir a participação semidireta[11], que mescla as duas outras, especialmente por meio de plebiscito, referendo e iniciativa popular, sobre os quais pesa a desconfiança em relação à manipulação do ato convocatório, aos legitimados a fazê--los e ao objeto sobre o qual se decidirá. Ademais, pensada como "um remédio para essa crise da democracia representativa"[12], ultimamente se desenvolve nos campos doutrinário e normativo, a exemplo da revisão constitucional francesa de 1º de março de 2005, a ideia de democracia participativa, caracterizada por Gilles Lebreton, como a que reforça o papel dos cidadãos, em distintos graus, sendo que no mais elevado deles acede "ao poder de tomar a decisão no lugar das autoridades, passando pela possibilidade de influenciar essa decisão, intervindo desde o início no processo decisório"[13].

Com efeito, sem olvidar a participação informal, aquela resultante da criatividade e que se realiza em complementação, ao lado ou até contrariamente à legislação posta, o ordenamento jurídico brasileiro concebe, em situações pontuais, os seguintes níveis participativos"[14]: (a) *participação não vinculante*, caracterizada pela abertura à interferência social, mas que deixa ao talante da autoridade

---

[10] Genuíno Amazonas de Figueiredo, "A cidadania em Roma", in: *A cidadania na Grécia e em Roma*, Brasília: Senado Federal/Centro de Estudos Estratégicos/Ministério da Ciência e Tecnologia, 2002, p. 42.

[11] Cf. Constituição Federal: "Art. 14. A soberania popular será exercida pelo sufrágio universal e pelo voto direto e secreto, com valor igual para todos, e, nos termos da lei, mediante: I – plebiscito; II – referendo; III – iniciativa popular".

[12] Gilles Lebreton, *La Démocratie participative: enjeux et réalités*, Paris: L'Harmattan, 2013, p. 254 (tradução minha).

[13] *Ibidem*, p. 255 (tradução minha).

[14] Cf. J. J. Gomes Canotilho, *Direito constitucional*, Coimbra: Almedina, 1993, pp. 430-1.

considerá-la ou não. Exemplo: protesto contra uma decisão do órgão público de cultura; (b) *participação vinculante*, aquela sem a qual a atuação da autoridade pública é ilegítima, mas não implicando em necessária aceitação. Exemplo: envio do plano de cultura ao poder legislativo, sem previamente ouvir o conselho de políticas culturais, quando a lei assim o determina; e (c) *participação vinculante e autônoma*, "percebida quando há uma verdadeira reserva de poderes para o exercício em separado daquele do Estado. Esse só interfere em caso extremo, para fazer valer os princípios ditados pelo constituinte ou as normas a todos impostas"[15]. Exemplo: deliberação de sindicatos de artistas e empregadores de artistas sobre a convenção coletiva da categoria.

Sob essas premissas, após perquirir aquilo que se entende por cidadania cultural, busca-se identificar, nas principais normas concernentes à cultura, a presença dessas formas participativas no direito brasileiro.

CIDADANIA CULTURAL

Um dos mais prazerosos e instrutivos divertimentos que a informática proporciona é aquele resultante da célere investigação ensejada pelos *sites* de busca. A eles se recorre para as finalidades mais distintas, inclusive quando se deseja saber se é razoável falar em cidadania cultural ou se o termo *cidadania*, puro e simples, dispensa adjetivos, por já incluir quaisquer que se imagine a ele agregar.

Escrevendo-se em indistinta página eletrônica de pesquisa, entre aspas, expressões como "cidadania cultural", "cidadania natural", "cidadania ambiental", "cidadania social", "cidadania econômica", "cidadania política", "cidadania esportiva", "cidadania educacional", "cidadania tributária" e até "cidadania previdenciária", obtém-se, para todas elas, uma pluralidade de citações. Esses resultados nos permitem, de pronto, compreender que se vem tentando construir uma multiplicidade de entendimentos para o

---

[15] Humberto Cunha Filho, "A participação popular na formação da vontade do Estado: um direito fundamental", *in:* Willis Santiago Guerra Filho, *Dos direitos humanos aos direitos fundamentais*. Porto Alegre: Livraria do Advogado, 1997, p. 89.

que seja cidadania. Isso tanto pode representar uma apropriação plural da expressão como, em sentido diverso, o uso desgastante dela. Sobre esse último ponto, José Afonso da Silva ressalta que o conceito foi convertido em moda, pela política, o que o submete ao risco de "esvaziar o conteúdo ético valorativo [...] pelo desgaste de sua repetição descomprometida"[16].

Parte-se da ideia de que ter a cidadania como um fundamento da República brasileira corresponde à compreensão de que ela é inerente a toda e qualquer atividade estatal, como saúde, educação, cultura ou meio ambiente, sendo, em princípio, dispensável adjetivação, a não ser para identificar o setor específico sobre o qual se atua ou, ainda, para destacar eventuais peculiaridades do seu exercício em tal setor. Essa parece ser a compreensão de culturólogos como Teixeira Coelho, que no seu *Dicionário crítico de política cultural*[17] não aborda a questão. Andrew Edgar e Peter Sedgwick, no compêndio *Teoria cultural de A a Z: conceitos-chave para entender o mundo contemporâneo*, também não incluíram o verbete *cidadania cultural*, mas tão somente *cidadania*[18], tendo o cuidado de diferenciar a cidadania meramente formal, confundida com nacionalidade, da cidadania substancial, na qual o indivíduo é "parte de um corpo sociopolítico, e que os direitos, deveres e assim por diante que esse indivíduo tenha sejam dispostos tanto concretamente quanto em virtude dele ser membro desse corpo"[19]. Porém, como já mencionado, no universo específico das políticas culturais há a tendência de se promover o encontro entre o substantivo *cidadania* e o adjetivo *cultural*, para formar a expressão *cidadania cultural*, cujo significado ainda permanece carecedor de melhor precisão, em decorrência do fato de que, ao ser utilizado por distintos autores, apresenta significados parciais e/ou equívocos.

---

[16] Cf. José Afonso da Silva, *Comentário contextual à Constituição*, São Paulo: Malheiros, 2006, p. 35.

[17] Cf. Teixeira Coelho, *Dicionário crítico de política cultural*, São Paulo: Fapesp/Iluminuras, 1999.

[18] Na obra de Christian Godin, *Dictionnaire de culture générale: idées contemporaines*, Paris: Ellipses, 2006, p. 98, ocorre o mesmo, com a presença tão somente do verbete *citoyenneté*.

[19] Andrew Edgar; Peter Sedgwick (eds.), *Teoria cultural de A a Z: conceitos-chave para entender o mundo contemporâneo*, São Paulo: Contexto, 2003, p. 55.

Marilena Chauí, por exemplo, quando descreveu sua experiência como secretária de cultura do Município de São Paulo, remetendo ao ano de 1989, consignou entender por "política de *cidadania cultural*: cultura como direito dos cidadãos e como trabalho de criação [...] dos sujeitos culturais"[20]. Ao pormenorizar o conceito, a filósofa acrescentou "uma definição alargada de cultura", além de temas imbricados com a ideia democrática, como pluralismo, igualdade e inclusão[21].

As premissas que basearam a atuação do órgão municipal de cultura da capital paulistana, no final dos anos 1980 e início dos 1990, ao que parece, ganharam aceitação no seio da comunidade cultural. O Instituto Pensarte, nessa linha, apresentando-se como "organização voltada para a articulação do setor cultural", em momento que antecedeu a eleição de 2006 para a presidência da República, e visando "contribuir para uma pauta mínima" a ser submetida aos postulantes e, principalmente, àquele que viesse a ser eleito, lançou o "Manifesto por uma *cidadania cultural*". Dele se extrai, em linhas gerais, que a expressão destacada está compreendida "na ampliação do conceito de cultura, na democratização do acesso aos bens e serviços, bem como ao fazer cultural, e no cumprimento dos preceitos da Declaração Universal dos Direitos Humanos e da Constituição da República Federativa do Brasil"[22].

O conceito, qual foi trabalhado pela filósofa e ampliado pelo Instituto Pensarte, lembra uma bacia inclinada, pois é, por um lado, transbordante, mas por outro, parcial, considerada a esfera tradicional do que se entende por cidadania, uma vez que contempla: 1) definição antropológica de cultura; 2) política cultural como direitos igualitários dos cidadãos; 3) criatividade e inovação; 4) resguardo das memórias coletivas; e 5) acatamento da legislação cultural considerada legítima.

O transbordamento referido pode ser analisado a partir dos cuidados que se mostram necessários à ideia de *cidadania substantiva*, cercando-a

---

[20] Marilena Chauí, *Cidadania cultural*, São Paulo: Fundação Perseu Abramo, 2006, pp. 66-7 e 75.

[21] *Ibidem*, pp. 71-2.

[22] Disponível em: <http://www.culturaemercado.com.br/site/noticias/1-para-a-cultura/>. Acesso em: set. 2007.

de ambiência favorável à sua manifestação e ao seu desenvolvimento, constituindo-se, portanto, em um conjunto de garantias[23]. Isso é perceptível quando se faz a análise de alguns tópicos, tais como: (a) a adoção do conceito antropológico de cultura pode ocorrer em ambiente hostil à democracia, porém, no campo democrático – aquele em que melhor se desenvolve a cidadania – não pode ser olvidado, em decorrência de que, tendo o referido conceito dimensões agigantadas e propensões a metamorfoses, se compatibiliza com a ideia de pluralismo, que é indissociável dessa forma de governo popular; (b) a mesma essência de raciocínio pode ser aplicada para as ideias de criatividade e inovação, que encontram, mesmo sem exclusividade, o melhor de suas expressões em regimes inclusivos e abertos a quantos queiram; e (c) o sentido se conserva na deliberação de resguardo das memórias coletivas, que propicia a inclusão dos distintos grupos na construção do país.

No padrão pleno de cidadania, o conceito elaborado por Marilena Chauí, como dito, tem abrangência parcial, pois se refere somente aos direitos dos cidadãos, omitindo, ao menos explicitamente, o anverso dessa moeda, que seriam os deveres, inexoráveis na conceituação sob enfoque. No que concerne ao entendimento do Instituto Pensarte, somente por dedução se torna perceptível a presença da ideia de deveres, quando pugna pelo cumprimento de normas jurídicas legítimas, especificando, pontualmente, a Declaração Universal dos Direitos Humanos e a Constituição do Brasil.

De fato, se forem evocadas as múltiplas significações normativas e doutrinárias da palavra *cidadania*, a expressão *cidadania cultural* dificilmente poderá ter definição única, embora não deixe de evocar elementos constantes, como participação política, dignidade, cultura, direitos, deveres e cidadão, os quais podem ser objeto de alongados debates para serem compreendidos.

As questões referentes à *participação* estão vinculadas sobremaneira à intensidade de como pode ser levada a efeito; quanto aos *direitos* e *deveres*, bem

---

[23] Cf. Luís Roberto Barroso, *O direito constitucional e a efetividade de suas normas – limites e possibilidades da Constituição brasileira*, Rio de Janeiro: Renovar, 2000, p. 121. Sobre as garantias, o autor assevera, com acerto, que além das jurídicas (que são as mais próximas dos chamados operadores do direito), existem também as de natureza política (aproximadas aos direitos homônimos) e as sociais, consistentes em espécie de última trincheira do titular do poder, o povo, para fazer valer sua vontade legítima, quando essa se vê agredida pelos poderes constituídos.

como à *dignidade*, o problema maior é o de suas especificações, ou seja, o de se ter clareza sobre quais são e o que significam, respectivamente; em termos de *cultura*, a dificuldade astronômica é a conceitual, já abordada no primeiro capítulo; também conceitual, mas sobretudo ideológica, é a problemática que cerca, nesse contexto, a palavra *cidadã(o)*, que demanda reflexão adicional, como veremos a seguir.

Sabe-se que cidadão é o titular de direitos e deveres, mas com certas diferenças em relação a outros seres com as mesmas prerrogativas. A maneira mais simples de introduzir essa diferenciação é lembrar o título da Declaração Francesa de Direitos de 1789, que distingue o *homem* do *cidadão*, sendo que o primeiro corresponde a qualquer pessoa humana, e o segundo, àquela que possui uma vinculação específica com um Estado e, por isso, tem o direito de influenciar a sua vida política. Nesse sentido estrito, o cidadão diferencia-se até dos outros nacionais que estão impossibilitados do exercício dos direitos políticos, por questão de idade, punição ou quaisquer outros motivos. Desse modo, o conjunto de prerrogativas do cidadão é maior, pois, além dessa condição, é também nacional e homem.

Todavia, o enquadramento dos direitos culturais como diretos humanos lhes confere uma feição universalista que, em princípio, não os limita às fronteiras de um país, deixando-os, portanto, sob a titularidade de todas as pessoas, inclusive aquelas criadas pelas ficções legais e práticas sociais, como as pessoas jurídicas e os grupos e as coletividades. O contrapeso surge quando se pondera que os direitos culturais são também direitos fundamentais, o que lhes dá operacionalidade dentro de um ordenamento jurídico específico. Essa dicotomia, embora aparente ser estéril por supostamente deixar as coisas como estão, é, ao contrário, muito útil, pois leva à reflexão de que a cidadania cultural pode ser percebida e definida num sentido estrito e em outro mais amplo.

No primeiro caso, cidadania cultural é o fundamento republicano segundo o qual cada cidadã(o), exercendo direitos e cumprindo deveres, influencia na concepção, na execução e no controle das políticas culturais da sociedade e do Estado a que pertence, radicado na ideia de dignidade humana como fundamento e fim da vida em coletividade. No sentido mais amplo, ela é o conjunto de ações que todas as pessoas naturais ou jurídicas, públicas ou privadas, individual ou coletivamente realizam em prol da cultura que materializa a dignidade do ser humano, bem como do ambiente no qual ele vive e dos seres com os quais convive.

CIDADANIA CULTURAL NO DIREITO BRASILEIRO

Entendido que cidadania compreende essencialmente a ideia de participação na vida política do país e que cidadania cultural é, em princípio, a especificação desse fundamento republicano no setor da cultura, buscaremos agora identificar no ordenamento jurídico brasileiro as formas previstas para seu exercício, bem como aquelas juridicamente possíveis, mas das quais ainda não foi feito uso.

A mais significativa forma de participação consiste em definir, em abstrato, e fiscalizar, em concreto, a formação da vontade do Estado. Em outras palavras, consiste em intervir na criação das leis, além de conferir e velar por seu cumprimento. No campo da chamada democracia semidireta – aquela na qual as decisões políticas resultam do casamento das vontades dos representantes e do povo –, estão previstos os mecanismos tidos como clássicos, que são o plebiscito, o referendo e a iniciativa popular, os quais têm definição normativa na Lei nº 9.709/1998, que os disciplinou.

Da referida lei, extrai-se que tanto o plebiscito como o referendo são consultas formuladas ao povo, pelos representantes, para que delibere sobre matéria de acentuada relevância, de natureza constitucional, legislativa ou administrativa, com a diferença de que o primeiro é convocado com anterioridade ao ato, cabendo ao povo, pelo voto, aprovar ou denegar o que lhe tenha sido submetido, e o outro – o referendo – é posterior, cabendo ao povo a respectiva ratificação ou rejeição. Quanto à iniciativa popular de leis, o fluxo inverte-se, pois ela se materializa na apresentação de projeto de lei à Câmara dos Deputados, subscrito por, no mínimo, 1% do eleitorado nacional, distribuído por pelo menos cinco estados, com não menos de 0,3% dos eleitores de cada um deles, ou seja, o povo propõe e os representantes decidem.

A partir dessa premissa, é interessante notar em que medida houve a direta participação popular na elaboração das normas relativas aos direitos culturais, começando pela Constituição Federal, uma vez que ela é o fundamento positivo inicial de validade e legitimidade de todas as demais normas jurídicas. Antes, é oportuno que se diga não ter havido a utilização, em âmbito nacional, no estrito campo dos direitos culturais, dos mecanismos de participação semidireta desde o advento da Constituição Federal. Aliás, não se tem notícia dessa utilização em toda a história brasileira, a não ser em questões macro, mas de algum modo tangenciais à cultura, como o uso que se fazia do plebiscito para a criação de novos municípios, em cuja configuração deveria, em termos constitucionais inadequadamente revogados, ser levada em conta a respectiva unidade histórico-cultural[24].

Em termos gerais, muitos observadores da cena política não enxergam uma Constituição que tenha sido elaborada a partir de tantas sugestões emanadas da sociedade como a que hoje rege o Brasil. Em decorrência das emendas populares apresentadas ao Congresso Constituinte de 1987-1988, no que atine à seara cultural, assuntos específicos[25] vieram à tona, dentre os quais os referentes aos direitos autorais[26] e à censura[27], não cabendo aqui detalhamentos maiores, uma vez que a específica participação

---

[24] A redação original do § 4º do Art. 18 da Constituição Federal tinha o seguinte teor: "A criação, a incorporação, a fusão e o desmembramento de municípios preservarão a continuidade e a *unidade histórico-cultural* do ambiente urbano, far-se-ão por lei estadual, obedecidos os requisitos previstos em Lei Complementar estadual, e dependerão de consulta prévia, mediante plebiscito, às populações diretamente interessadas" (grifo meu). O pragmatismo da política eliminou, sem que houvesse justa reação, a imperiosidade do elemento subjetivo-cultural de nossas edilidades, quando a Emenda Constitucional nº 15/1996, amesquinhando a caracterização das comunas, deu nova redação ao dispositivo, com estes termos: "A criação, a incorporação, a fusão e o desmembramento de municípios, far-se-ão por lei estadual, dentro do período determinado por Lei Complementar Federal, e dependerão de consulta prévia, mediante plebiscito, às populações dos municípios envolvidos, após divulgação dos Estudos de Viabilidade Municipal, apresentados e publicados na forma da lei".

[25] Cf. Carlos Michiles *et al.*, *Cidadão constituinte: a saga das emendas populares*, Rio de Janeiro: Paz e Terra, 1989, pp. 116-59. Nesta obra há referência a uma Emenda Popular com a epígrafe "arte", com 5.981 assinaturas, de responsabilidade das seguintes entidades: Associação de Arte--Educadores do Estado de São Paulo, Associação Nordestina de Arte-Educadores e Associação de Arte-Educadores do Distrito Federal (apoiada por dez outras entidades). Uma outra Emenda Popular está assim identificada: "Cultura (esportes e educação)". Esta obteve 30.804 assinaturas, que foram coletadas sob a responsabilidade da Mitra Arquiepiscopal, Cáritas Diocesana e Imperial Irmandade de Nossa Senhora do Outeiro da Glória, todas do Rio de Janeiro.

[26] Humberto Cunha Filho, *Cultura e democracia na Constituição Federal de 1988: a representação de interesses e sua aplicação ao Programa Nacional de Apoio à Cultura*, Rio de Janeiro: Letra Legal, 2004, p. 89.

[27] Carlos Michiles *et al.*, *op. cit.*, pp. 116-59.

da comunidade cultural na elaboração da atual Constituição brasileira já foi analisada anteriormente.

A consagração da cidadania cultural como atitude permanente figura no texto original da Constituição, mais precisamente na ordem para o poder público obter a "colaboração da comunidade" relativamente aos atos de promoção e proteção ao patrimônio cultural brasileiro, o que deve ser feito por distintos meios (Art. 216, § 1º). Em outras palavras, trata-se de um reconhecimento à comunidade como partícipe da política cultural, o que não elimina atuações individuais, expressamente cidadãs, como as referidas em vários dispositivos constitucionais que, nesse aspecto, passam a ser destacados na sequência ordinal em que aparecem, a começar pelo Art. 5º, LXXIII. Constata-se aí o grande valor que a nação confere ao tema, a ponto de confiar a qualquer cidadão, isto é, àquele que está apto a votar, o *status* de parte legítima para propor, perante o Poder Judiciário, uma ação popular que vise anular ato lesivo ao patrimônio cultural, tal qual faz com outros importantes valores e bens que são o patrimônio público ou de entidade de que o Estado participe, a moralidade administrativa e o meio ambiente. E isso com a garantia de que, mesmo vindo a perder a querela, nada pagará em termos de custas, honorários e outros ônus, salvo se ficar comprovado que propôs o processo imbuído de má-fé.

Mais universal ainda é a garantia que consta no Art. 205, relacionada ao direito que todos têm à educação, a começar pelo fato de que é não apenas um dever do Estado, mas também da família, instituição reconhecida como a base da sociedade (Art. 226), esta também colaboradora no processo. Nos termos constitucionais, a educação deve ter por objetivo o pleno desenvolvimento da pessoa, seu preparo para o exercício da cidadania e sua qualificação para o trabalho, tudo sem olvidar o princípio de que o ensino deve acatamento ao pluralismo de ideias (Art. 206, III).

Em termos mais tópicos da específica sessão dedicada à cultura, o Art. 215, § 3º, IV, ao determinar que a lei discipline o Plano Nacional de Cultura, de duração plurianual, visando ao desenvolvimento cultural do país e à integração das ações do poder público, fixa entre seus objetivos a constante prática de atos conducentes àquilo que chama de "democratização do acesso aos bens de cultura". Para alguns desses bens, em especial os de interesse da memória coletiva, nomeadamente a documentação governamental, o Art. 216, § 2º, determina à administração pública franquear sua consulta a quantos dela necessitem, o que se constitui em ato típico da democracia e fortemente republicano. Todavia, nenhum dispositivo supera, em termos de clareza literal, a adoção da cidadania cultural como o Art. 216-A, § 1º, X, segundo o qual o Sistema Nacional de Cultura deve reger-se, entre outros, pelo princípio da "democratização dos processos decisórios com participação e controle social".

A partir da matriz constitucional sobre cidadania em gênero e cidadania cultural em espécie, buscaremos agora identificar exemplos de seus empregos em outras normas e práticas relacionadas aos direitos culturais, acrescentando reflexões sobre o que, no direito, está apenas pressuposto, o que está efetivamente posto e o que ainda pode e, em alguns casos, até mesmo deve ser posto.

Alguns pressupostos ao exercício da cidadania cultural

Muitas das possibilidades e formas do exercício da cidadania cultural não estão expressamente mencionadas nas leis específicas ao setor, por serem pressupostos na disciplina geral da cidadania ou mesmo da ciência do direito. Torna-se, portanto, necessário entender que "o direito escrito é tão importante quanto insuficiente"[28] para revelar essas possibilidades. A observação que acaba de ser feita serve tanto para ampliar como para reduzir direitos, afirmação ora empregada não no sentido de criar ou revogar, mas de ter a exata dimensão de suas abrangências no ordenamento jurídico.

Quem compreende isso pode se livrar, por exemplo, da armadilha retórica de que todos os direitos culturais são universalizados de forma absoluta, ou seja, são usufruíveis por todas as pessoas ao mesmo tempo. A universalização nesse sentido caracteriza apenas alguns direitos, como os que asseguram as liberdades de criação e manifestação. Porém, relativamente a outros, como os incentivos fiscais à cultura, esses só se estendem às pessoas que desenvolvam atividades culturais e que demonstrem efetiva carência e enquadramento em critérios previamente

---

[28] Máxima do jurista Hugo de Brito Machado frequentemente mencionada em suas palestras.

fixados. Nesse último caso, a ideia de universalidade permanece imanente, mas com outro sentido: direitos com essa característica não são necessariamente aqueles aos quais todos têm ou devem ter acesso, mas os que são acessíveis ao que neles se enquadrem, desde que as restrições não se refiram a requisitos pessoais, como sexo, cor da pele, opção sexual e outras qualidades inerentes à pessoa, por determinação da natureza ou por opção legítima[29].

A compreensão do que foi dito pode encontrar melhor aceitação se observados também os deveres, que da mesma forma podem ser de universalidade fática ou apenas potencial. Se forem colocados num espelho os direitos acima mencionados, veremos que eles refletem deveres, com características semelhantes: às liberdades de criação e manifestação correspondem deveres universalizados de respeitá-las. Contudo, sopesa o direito ao incentivo fiscal o dever de pagar os tributos, ônus que não é de todos, mas dos que praticam o ato que gera a obrigação tributária e, além disso, têm, nos termos da lei, a condição para tanto.

No campo das pressuposições da cidadania cultural também deve ser citado que, mesmo para os direitos culturais universalizados de forma abrangente, nenhum deles pode ter caráter ilimitado, ou seja, seu exercício sempre pressupõe o respeito aos princípios que regem a vida em coletividade, com destaque para aqueles que se incorporam nos fundamentos da República, bem como nos que são específicos do setor cultural[30]. Exemplo conhecido de limitação, nesse sentido, é o relativo ao direito à realização de manifestações culturais tradicionais que, segundo o Supremo Tribunal Federal, não pode ser arguido para, por exemplo, submeter os animais à crueldade, como foi reconhecido que ocorre no caso da "farra do boi". Segundo o julgamento da Corte[31], "a obrigação de o Estado garantir

---

[29] Cf. J. J. Gomes Canotilho *et al.*, *Comentários à Constituição do Brasil*, São Paulo: Saraiva/Almedina, 2013, p. 190.

[30] Humberto Cunha Filho, *op. cit.*, p. 70.

[31] Disponível em: <http://www.stf.gov.br/portal/jurisprudencia/listarJurisprudencia.asp>. Acesso em: set. 2017. RE 153531 / SC – Santa Catarina – Recurso Extraordinário – Relator: Min. Francisco Rezek – Relator para acórdão: Min. Marco Aurélio – Julgamento: 3 jun. 1997 – Órgão julgador: Segunda Turma – Publicação DJ 13-03-1998 PP-00013.

a todos o pleno exercício de direitos culturais, incentivando a valorização e a difusão das manifestações, não prescinde da observância" dos outros valores constitucionais com os quais deve conviver.

Entraves institucionais
A maneira mais tradicional de incentivar a participação da comunidade cultural nas políticas públicas reside na constituição de órgãos colegiados, usualmente designados de conselhos[32], comissões ou comitês, que definem normas, decidem questões e fiscalizam os resultados da atuação estatal. Em princípio, tais colegiados se prestam ao cumprimento do comando constitucional garantidor da participação da sociedade na definição das políticas públicas de cultura. Contudo, estão envoltos numa gama tão considerável de problemas, entre os quais, o da cidadania, que merecem destaque a fragilidade institucional, a incompreensão do foco político e a sabotagem das potencialidades, como detalharemos a seguir.

A fragilidade institucional fica evidente, do ponto de vista jurídico, a partir da norma que cria, mas principalmente da que disciplina a constituição, a investidura e as competências dos órgãos estudados. Nesse sentido, observa-se que na Constituição Federal há menção a mais de uma dezena de conselhos, sem falar de outros colegiados, com distintas designações. Para o campo cultural, porém, a Lei Maior silencia sobre o formato de como deve ser encetada a colaboração da comunidade. Essa omissão propicia poder discricionário às autoridades constituídas para que criem, como lhes apetece, os referidos órgãos. O resultado da discricionariedade geralmente redunda em amesquinhamento institucional, no que concerne ao instrumento criador e/ou regulamentador das estruturas representativas. Isso quer dizer que os órgãos colegiados de cultura tendem

---

[32] Atualmente, ter os próprios conselhos de políticas culturais é indispensável à participação dos estados e dos municípios no Sistema Nacional de Cultura, algo que resulta de uma radicalização de estímulo já existente em normas anteriores, a exemplo da Lei nº 8.313/1991, relativa ao Programa Nacional de Apoio à Cultura (Pronac), conforme pode ser visto em seu Art. 31, adiante transcrito "Com a finalidade de garantir a participação comunitária, a representação de artistas e criadores no trato oficial dos assuntos da cultura e a organização nacional sistêmica da área, o Governo Federal estimulará a institucionalização de Conselhos de Cultura no Distrito Federal, nos estados e nos municípios".

a ser criados ou ter suas competências e composições definidas por meio de decretos e até mesmo de normas mais abaixo na hierarquia normativa, o que promove inadequada inversão de valores, uma vez que a qualquer momento podem ter sua essência redefinida ou mesmo eliminada por decisão monocrática[33].

Focando a realidade, no plano federal, por exemplo, o Art. 16 da Lei nº 9.649/1998, que dispõe sobre a organização da presidência da República e dos Ministérios, estabelece como integrantes da estrutura básica do Ministério da Cultura o Conselho Nacional de Política Cultural, a Comissão Nacional de In-centivo à Cultura, a Comissão de Cinema e até quatro Secretarias. Observando entre esses órgãos os que possuem natureza colegiada, nota-se que o Conselho Nacional de Política Cultural (CNPC), não obstante sua criação por lei, está disciplinado pelo Decreto nº 5.520/2005, que dispõe sobre sua composição e seu funcionamento, dentro do quadro mais amplo de instituição do Sistema Federal de Cultura (SFC). E também pela Comissão Nacional de Incentivo à Cultura (CNIC), originalmente criada pelo Art. 32 da Lei nº 8.313/1991, no qual está definida a sua composição. No entanto, essa mesma norma determina, no § 2º do artigo mencionado, que "os mandatos, a indicação e a escolha dos representantes, assim como a competência da CNIC, serão estipulados e definidos pelo regulamento", o que efetivamente é feito pelo Decreto nº 5.761/2006. Igualmente, a Comissão de Cinema tem sua composição definida pelo Decreto nº 2.946/1999, que remete ao regimento interno fixar-lhe "a organização e o funcionamento" (Art. 6º)[34].

---

[33] Este entendimento, constante na primeira edição, se fosse analisado misticamente poderia ser considerado premonitório, mas de fato apenas antecipou o risco que foi concretizado por meio do Decreto nº 9.759, de 11 de abril de 2019.

[34] O contido neste parágrafo representa a realidade normativa da primeira edição deste livro, que não permanece a mesma. Todavia, optamos por não atualizar a situação legal dos órgãos de cultura, porque, com o governo que assumiu em 1º de janeiro de 2019, para eles ainda não encontraram destino certo: primeiro houve o rebaixamento do Ministério Cultura para o status de Secretaria, originalmente vinculada ao Ministério da Cidadania; depois ao do Turismo; e já se cogita, no momento desta atualização, no restabelecimento da Pasta Ministerial da Cultura. Ademais, o caráter preponderantemente teórico deste obra desobriga esse novo passeio no direito positivo, cuja utilidade principal é de servir como exemplo ao argumento desenvolvido.

Um segundo problema da representação popular nos órgãos colegiados de cultura é a incompreensão de suas potencialidades políticas, oriunda não somente da falta de preparo para a gestão em geral como para o campo específico. No geral, consiste em atribuir aos órgãos poderes estritamente administrativos, ou seja, tarefas que seriam próprias das autoridades executivas. De fato, esse tipo de atividade reduz a potência constitucionalmente reconhecida ao campo cultural para definir normas e fiscalizar seu cumprimento. Assim, por exemplo, um colegiado que atua em um sistema de incentivos fiscais não deveria analisar projetos pontuais, mas definir critérios e prioridades e, em *ultima ratio*, funcionar como instância de recursos, nos casos de indeferimento de pleitos.

Quanto à sabotagem, que se caracteriza não pela ignorância, mas pela má-fé, consiste em minar de tal forma as prerrogativas do órgão plural a ponto de torná-lo meramente figurativo. Essa prática é averiguada em pelo menos um dos três momentos cruciais de sua atuação, a saber: 1) a partir da definição das suas competências, deixando-as tão tímidas e sem poder algum de vinculação ou obrigatoriedade que, uma vez eliminado o órgão, nenhuma falta faria; 2) na supressão ou na ausência de fornecimento dos meios indispensáveis ao funcionamento autônomo, atitude que gera os agravos adicionais de aniquilamento da autoestima do órgão e de seus integrantes e de forte desgaste perante a sociedade, o que leva ao desaparecimento, de fato, da estrutura, embora continue a existir formalmente; e 3) no descumprimento ou no cumprimento anômalo das deliberações adotadas, cujo resultado é o somatório das anomalias já referidas, com o agravante de cinicamente aparentar a normalidade do funcionamento institucional.

Ampliação das potencialidades da cidadania cultural

Mesmo considerando os equívocos a que todo processo de maturação está submetido, notadamente o democrático, percebe-se a existência de muitas portas ao exercício da cidadania cultural, algumas das quais, porém, estão apenas entreabertas e outras fortemente cerradas. Essas passagens ainda lacradas representam as potencialidades não exploradas ou, quando muito, exploradas em níveis mínimos. Para as devidas correções, o passo inicial é conhecer e reconhecer a nova principiologia do setor, que abandona a tradicional postura aristocrática de sua regência para fazê-lo operar e conviver no ambiente da democracia.

O primeiro grande impacto dessa consciência provavelmente recairá sobre uma tão inconfessa quanto renitente soberba de parte dos ativistas culturais, que se julgam com legitimidade de se imiscuir em todos os campos de atividades e saberes, o que é, em essência, correto pelos preceitos da cidadania. No entanto, rejeitam a presença, nos seus supostos domínios, do que chamam ou tratam como intrusos, como se os interesses culturais não fossem os mais universalmente difusos. Esse antagonismo velado tem um de seus mais evidentes reflexos na relação cultura-direito, conforme visto no capítulo conceitual deste livro. O resultado da querela, pela falta de diálogo, materializa-se numa série de anomalias, como a construção de uma normatividade cultural burocratizada e desafinada com as peculiaridades do setor, sendo, em consequência, objeto de permanente rejeição.

Esse quadro enseja que sejam feitas sugestões de aprimoramento da cidadania cultural, naquilo que concerne à sua disciplina normativa: há que se construir a legislação específica com a participação de todos os que se interessem por cultura, e não apenas por *experts*; na construção dessa legislação deve haver o abrandamento máximo de certas distâncias existentes entre os direitos culturais e seus destinatários, com destaque para as questões linguísticas e as burocráticas. Não se concebe mais que o povo não entenda seu direito nem que se esgotem todas as energias em atividades-meio em detrimento das atividades-fim. Simplesmente: leis mais fáceis de serem entendidas e burocracia em níveis mínimos, ou seja, simplificação do direito que, aliás, constitui uma preocupação de todos os tempos. Em sua melhor feição, sempre contempla dois movimentos frontais: num sentido, capacitando-se a cidadania para entender o direito; em outro, retirando do direito os excessos meramente decorativos.

O legislador antigo, por exemplo, buscava a simplicidade do direito construindo-o de forma singela e inteligível, a partir de elaborações compactas como *olho por olho, dente por dente, não matarás, não roubarás*. Todavia, não se pode camuflar a verdade, deixando de reconhecer que prescrições desse tipo podem até funcionar para sociedades monolíticas e, não raro, regidas por critérios autoritários. Porém, no ambiente democrático, pelo simples fato de nele se pressupor o pluralismo de ideias, as regras gerais comumente abrigam muitas exceções, fator esse que tem como consequência a complexidade do ordenamento jurídico. Aliás, o mais comum é que o conjunto de normas de um país seja tão grande que evoque a comparação, em termos de quantidade, com as gotas d'água de um oceano ou os grãos de areia de um deserto.

Diante dessa realidade, técnicas de simplificação compatíveis com os novos tempos são desenvolvidas para que os cidadãos, os administradores e os próprios juristas não percam o controle sobre tantas leis. Uma dessas técnicas é hierarquizar as normas, tendo como válidas as que, em última instância, não contrariem a Constituição. Outro cuidado é o de, para um mesmo assunto, evitar ao máximo a multiplicidade de leis, para facilitar-lhes o conhecimento e evitar contradições. Isso corresponde a uma atividade, que também é um movimento, genericamente designada de *codificação*. A esse respeito, José de Oliveira Ascensão lembra que "No século [XIX] dizia-se que o código devia obedecer aos três ss: devia ser sintético, scientífico e sistemático"[35].

Há registros de que o movimento codificador teve manifestações em diversas civilizações e épocas. Podem ser citados os exemplos do Código de Hamurabi, do Códex romano, das Ordenações lusitanas (Manuelinas, Afonsinas e Filipinas), da codificação napoleônica, que, a partir da modernidade, serviu de matriz universal[36]. Essas referências, quando observados os respectivos contextos históricos, evocam uma associação entre regimes totalitários e a codificação, mas de fato não passa de uma aproximação física, pois os regimes democráticos não abandonaram o uso dos códigos pelo simples fato de eles terem tido seu uso deturpado pelo autoritarismo.

---

[35] José de Oliveira Ascensão, *O direito: introdução e teoria geral: uma perspectiva luso-brasileira*, Lisboa: Fundação Calouste Gulbenkian, 1983, p. 282.

[36] É oportuno notar a diferença que Ascensão (*op. cit.*, pp. 283-4) faz entre código, compilação e consolidação: "Resta dizer que muitos dos códigos antigos eram na realidade compilações de leis, enquanto o código moderno é sempre uma lei unitária [...]. A consolidação é alguma coisa menos que o código, mas alguma coisa mais que a compilação. Não se limita como esta a juntar e eventualmente ordenar leis preexistentes; mas também não representa inovação, ao contrário do código".

Não se pode negar, porém, que a legislação codificada tem seu controle facilitado por quem detém o poder, mas é justamente por isso que não se pode subtrair essa prerrogativa ao povo, quando esse se assenhora das rédeas do Estado, ao construir uma democracia[37].

A utilização de princípios simplificadores em relação ao setor cultural mostra-se particularmente necessária no Brasil em virtude da forma federativa do Estado, cuja Constituição prescreve competências *concorrentes*, quando legislativas, e *comuns*, quando administrativas aos entes federados. Considerado esse fato, de imediato percebe-se que, se não houver uma partilha predefinida de tarefas, pode se instalar o caos, quer seja com a duplicidade, quer seja, ao contrário, com a plena omissão de ações. O próprio legislador constituinte tomou cuidados para eventuais ocorrências dessa natureza, estabelecendo que, no caso das competências concorrentes, a União deve editar as normas gerais a serem suplementadas, segundo as variantes de cada realidade, pelos estados, pelo Distrito Federal e pelos municípios (Art. 24, § § 1º e 2º; e Art. 30, II). Idêntica atitude teve relativamente às competências materiais, definindo que leis complementares devem fixar normas para a cooperação entre ela e os demais entes da federação, tendo em vista o equilíbrio do desenvolvimento e do bem-estar em âmbito nacional (Art. 23, parágrafo único).

Essa partilha de atribuições por si é suficiente para justificar uma legislação geral da cultura, em sentido estrito, aqui entendida como *norma de organização da atuação dos entes estatais*[38], precisando-lhes as competências, as prioridades obrigacionais, os direitos, os deveres e as atribuições. Algo indispensável ao efetivo disciplinamento do Sistema Nacional de Cultura, que, encarado dentro do contexto descrito, perde a configuração de

---

[37] Cf. Fábio Siebeneichler Andrade, *Da codificação: crônica de um conceito*, Porto Alegre: Livraria do Advogado, 1997, pp. 153-5: "Não é possível supor que se possa adotar, atualmente, um código nos moldes oitocentistas, um código total, um código napoleônico [...]. Mas para que serve a preservação do código? [...] A proliferação de leis especiais, muitas introduzindo novos conceitos jurídicos, não favorece a operacionalidade jurídica. Bem ao contrário, essa situação só contribui para tornar o ordenamento mais caótico e complexo [...]. De modo que um Direito mais sistemático favoreceria tanto a segurança jurídica quanto a ideia de igualdade".

[38] O destaque é necessário para evidenciar que não se busca nem se deve buscar controlar normativamente as liberdades culturais titularizadas pelos indivíduos e pelos grupos sociais, mas organizar a atuação estatal para aquilo que compete à esfera pública em favor da otimização dessas liberdades.

programa de governo, passando ao *status* de necessidade operacional da própria organização federativa na área da cultura.

Outra possibilidade constitucional subutilizada é o exercício da democracia direta, que encontra exemplo audacioso na lei cearense instituidora do Sistema Estadual da Cultura, a qual, na parte que disciplina os critérios para que os municípios nele se integrem, exige, dentre outras coisas, que haja gestão democrática. A participação popular daí decorrente deve ser materializada por representação ou então de maneira direta[39]. Sabe-se que as mentes excessivamente conservadoras dirão que o dispositivo viola o sistema representativo ou, quando menos, é inoperável pelo grande volume de pessoas que pode acorrer a uma assembleia cultural popular. Em contraponto, pondera-se que, pelo primeiro empecilho, quem o admite é que deve responder perante a história, uma vez que ele se embasa em reflexão democraticamente invertida: a submissão do soberano da democracia (o povo) ao servidor (o representante). Quanto à dificuldade de operação decorrente das aglomerações, esquecem-se dos pequenos municípios[40] e das possibilidades comunicacionais presentemente ofertadas pela cibernética, que ensejam uma reedição atualizada da ágora, desta vez em formato eletrônico.

---

[39] O dispositivo, por também contemplar outros requisitos incrementadores da cidadania cultural, merece transcrição na íntegra: Lei nº 13.811, de 16 de agosto de 2006: "Art. 6º – São critérios para admissão dos órgãos e entidades que facultativamente podem integrar o Sistema Estadual da Cultura – SIEC: [...] II – relativamente aos órgãos e entidades municipais de cultura, atender às seguintes condições: a) gastos públicos anuais em atividades culturais em percentual mínimo do orçamento anual, conforme definição do Conselho Estadual da Cultura – CEC; b) efetiva proteção do patrimônio cultural, segundo critérios definidos pelo Coepa; c) estrutura normativa e administrativa mínimas, compreendendo: 1) legislação de proteção do patrimônio cultural; 2) legislação de fomento à cultura, compatível com as legislações federal e estadual; 3) existência de Secretaria ou órgão específico de gestão da política cultural no âmbito do município; 4) existência de instituição de órgão colegiado para contribuir na elaboração, fiscalização e redefinição da política pública de cultura, no qual se pratique a democracia direta ou a democracia representativa e, neste caso, a sociedade tenha representação pelo menos paritária e as diversas áreas culturais e artísticas estejam representadas; 5) criação, manutenção e atualização periódica de um sistema municipal de informações culturais integrado ao Sistema de Informações Culturais do Estado do Ceará".

[40] Cf. Humberto Cunha Filho, *Teoria e prática da gestão cultural*, Fortaleza: Unifor, 2003. Cf., nesse livro, relato de democracia direta relativamente ao setor cultural vivenciada no município de Guaramiranga, Ceará, no ano de 1993.

Assim, o incremento da cidadania cultural pressupõe reconhecer e construir um novo direito, que vá ao máximo das potencialmente ofertadas pela Constituição, tendo em conta as peculiaridades culturais. Em decorrência disso, não se pode deixar de contemplar a criatividade e a inventividade enquanto signos do setor. Esse entendimento permite e até exige a construção de soluções não tradicionais ou até mesmo a retomada de tradições abandonadas, como aquelas que reconhecem a produção de normas pelo sistema dos costumes: o direito consuetudinário. Uma vez que os costumes são pública e notoriamente objeto das preocupações culturais, como negar-lhes a influência no regramento desse tipo de relação?

O apanhado de informações e reflexões acima permite concluir que há, efetivamente, a banalização conceitual do que seja cidadania, a partir de sua adjetivação indiscriminada. Conforme analisado, porém, não há despropósito na referência a uma *cidadania cultural*, pois o setor a que a expressão se refere é dotado de peculiaridades que justificam um exercício diferenciado desse fundamento republicano e democrático.

6.
A POSITIVAÇÃO DOS DIREITOS CULTURAIS NO BRASIL

A construção do conhecimento é feita por múltiplos meios e métodos dos quais são frequentes o dedutivo e o indutivo. O primeiro deles parte das formulações gerais ou abstratas para possibilitar que sejam feitas subsunções de elementos individuais ou específicos; o outro percorre o caminho inverso. Todavia, os métodos não devem ser apreendidos de forma dicotômica, pois eles se amparam e se retroalimentam[1]. Assim, o conhecimento dos direitos culturais pode estar tanto nas construções teóricas como também no entendimento empírico que resulta de sua operacionalização cotidiana, sendo inegável que uma compreensão influencia muito a outra, pois o manuseio somente é percebido como sendo do campo cultural se, no mínimo, for possível enquadrá-lo na teoria previamente desenvolvida. Essa teoria sempre se amolda, em termos de expansão, retração ou redirecionamento, segundo as práticas que a realidade enceta.

Consideradas essas premissas, o objetivo deste capítulo é o de analisar os direitos culturais a partir da empiria, dos entendimentos e das aplicações a eles relativos, tornando-os concretos, o que será feito levando-se em conta o recorte no universo do direito positivo. Para tanto, veremos como eles são enxergados por dois dos três pilares da ciência jurídica, que são a legislação e a jurisprudência, com as delimitações, para cada uma, a serem

---

[1] Cf. Irmã Miriam Joseph, *O Trivium – as artes liberais da lógica, gramática e retórica: entendendo a natureza e a função da linguagem*, São Paulo: É, 2011, p. 241: "A lógica dedutiva, ou formal, é a única lógica no sentido de que somente ela descobre as regras pelas quais pensamos e raciocinamos corretamente. Mas o material do pensamento, os termos e as proposições, deve vir, fundamentalmente, da nossa experiência, por meio de concepção e indução".

oportunamente apresentadas. Exclui-se, desta vez, a terceira grande coluna, que é a doutrina, por ser mais afeta à construção dos entendimentos em abstrato, bem como por constituir-se em objeto do capítulo conceitual específico, não sem reconhecer que a elaboração das normas e a construção das decisões tenham bases doutrinárias e que haja também mútuas referências.

O recorte espacial faz com que o estudo seja primordialmente concentrado no direito brasileiro, sem excluir alusões às normas de outros países ou da comunidade internacional, sobretudo quando influenciam e dialogam umas com as outras. Em termos normativos, o foco principal será a vigente Constituição brasileira de 1988, eleita sob a crença de que a partir dela se pode conhecer a matriz axiológica e a base principal da positivação dos direitos culturais, em virtude da posição hierárquica que ocupa no ordenamento jurídico, uma vez que disciplina diretamente parte da matéria ou, quando não o faz, apresenta as balizas a serem seguidas pelos legisladores ordinários e pelos administradores.

Com relação ao aspecto jurisprudencial, a pesquisa focará primordialmente as decisões dos tribunais, inclusive os que estão fora da esfera do Poder Judiciário, que façam uso da inteira expressão "direitos culturais", pois o objetivo da enquete é o de saber como eles são entendidos em seu aspecto de unidade pelos órgãos habilitados à solução de conflitos concretos ou em abstrato, como no caso do exercício do controle da constitucionalidade. Desse modo, serão, em princípio, desconsideradas questões atinentes a direitos culturais específicos, a não ser quando indissociáveis da nossa finalidade.

DIREITOS CULTURAIS NA NORMATIVIDADE CONSTITUCIONAL BRASILEIRA

Tomando-se a conceituação mais ampliada de cultura, a antropológica, pode-se afirmar que a Constituição, em seu todo, é um produto cultural, por ser resultante da ação humana[2]. Contudo, esse tipo de apreensão, pelo

---

[2] Cf. Peter Häberle, *El Estado constitucional*, Buenos Aires: Astrea, 2007, p. 97.

aspecto generalista, é de pouca utilidade, uma vez que todas as demais Constituições também representaram certa expressão cultural do país. É necessário, portanto, que sejam conhecidas as circunstâncias peculiares da vigente Constituição brasileira em relação às precedentes, para saber se ela disciplina e trata de forma diferenciada os direitos culturais. E, além disso, se considera os elementos que lhes dão unidade, a partir da noção de cultura, em sentido estrito e especificamente relacionada ao direito, como sendo o regramento jurídico relativo às artes, à memória de interesse coletivo e aos fluxos formais e informais de saberes[3].

A comparação entre Constituições é de todo facilitada pelo fato de que somente no texto de 1988 foi mencionada, pela primeira vez, a expressão "direitos culturais", que, aliás, até o advento da Emenda Constitucional nº 71, de 29 de novembro de 2012, era também única (215), circunstância modificada pela inserção do termo composto em mais uma oportunidade (216-A). Mais do que isso, as duas aparições integram-se em uma seção específica dedicada à cultura, também pioneira no direito constitucional do Brasil. Todavia, para além do aspecto simplesmente formal ou simbólico, o vigente texto constitucional é diferenciado, pois nele a disciplina focada está presente tanto na superfície como no subterrâneo de todas as grandes

---

[3] A respeito de fluxos formais e informais de saberes, o Tribunal de Contas da União, no Acórdão nº 1631/2006 – Plenário (disponível em: <https://contas.tcu.gov.br/pesquisaJurisprudencia/#/pesquisa/acordao-completo>. Acesso em: set. 2017), para efeitos administrativos, orçamentários e de responsabilidade fiscal, confirma a diferença entre educação e cultura, mesmo reconhecendo que a primeira pode ser um subconjunto da outra: "14. O argumento do Ministério da Cultura poderia prosperar se fosse válida a compreensão de o termo 'cultura' ser entendido, na Constituição, como sinônimo de 'educação', ou considerado como um subconjunto desse, situações em que aquela estaria abrangida pela excepcionalidade fixada para esta pelo § 3º do Art. 25 da LC 101/2000"; "15. Não é isso, entretanto, o que dizem os dicionários, a doutrina e as definições do próprio Ministério da Cultura. O termo cultura é definido como abrangendo todo o fazer humano, incluindo-se aí até mesmo qualificações ou aptidões espirituais, compreendendo, portanto, as mais variadas manifestações artísticas, poéticas, intelectuais, científicas, musicais. Já a educação, como se disse, é definida como processo formal, regular ou escolar. Assim, ao termo 'cultura' é atribuído campo muito mais abrangente do que o associado à educação, conforme o atesta até mesmo a definição constante do portal eletrônico do Ministério da Cultura, segundo a qual 'a complexidade do campo cultural é notável'. Ou seja, com base no entendimento formal predominante, até se poderia afirmar que a educação possa ser considerada, de certa forma, um subconjunto da cultura. O contrário, no entanto, é de difícil sustentação. Não é verdade, por conseguinte, que o tratamento conferido pelo texto constitucional à educação e à cultura seja o mesmo, para todos os efeitos, basta ver que para a educação, diferentemente da cultura, há previsão de realização de despesas obrigatórias mínimas decorrentes de receitas de impostos".

divisões temáticas (tecnicamente chamadas de Títulos) que a compõem, a ponto de sugerir que possa ser chamada de Constituição Cultural.

Superfície e subterrâneo, aliás, são expressões adequadas a uma metáfora designativa da relação entre as duas dimensões da cultura, até aqui referidas, a ampla e a estrita. O que está na superfície, como se sabe, é o aparente, o exibido, o conhecido, mas cujos sustentáculos, os alicerces, a alimentação, as raízes, quase sempre estão encravados na parte subterrânea, oculta. Ademais, sabe-se que, diante de reviravoltas, aquilo que em dado momento é visível, noutro, pode estar oculto e vice-versa. A metáfora dispensa explicações, mas enseja que se acentue a interdependência dialética da dimensão ampla da cultura com a de natureza mais estrita. Se aquela é pouco operativa em termos jurídicos, é substancialmente importante como alimentadora da definição e dos procedimentos da outra. Isso significa que somente podem ser demandados e solucionados conflitos concretos de direitos culturais, tendo em foco a disciplina jurídica da cultura considerada *stricto sensu*. Porém, a dimensão *lato sensu* é sempre evocada para o entendimento dos fatos e dos valores sobre os quais há a investigação ou o conflito nesse domínio. Há, portanto, um fluxo contínuo entre ambas, sem a percepção do qual a hermenêutica jurídica como um todo, e dos direitos culturais em específico, se mostraria inútil ao objetivo que justifica sua existência.

Se, como dito, a cultura e os direitos que dela decorrem estão em todas as grandes divisões de assuntos, ou seja, em todos os Títulos da Constituição, isso somente poderá ser confirmado se eles vierem a ser conhecidos. Em número de dez, são os seguintes: I – Dos Princípios Fundamentais; II – Dos Direitos e Garantias Fundamentais; III – Da Organização do Estado; IV – Da Organização dos Poderes; V – Da Defesa do Estado e das Instituições Democráticas; VI – Da Tributação e do Orçamento; VII – Da Ordem Econômica e Financeira; VIII – Da Ordem Social; IX – Das Disposições Constitucionais Gerais; e X – Ato das Disposições Constitucionais Transitórias.

A designação de cada um, por óbvio, sugere algo sobre o perfil das normas que os compõem, as quais são em tão grande número e, às vezes, escritas em linguagem tão excessivamente técnica que a compreensão fica restrita aos iniciados. É imperioso, portanto, que se proceda a uma simplificação, com a cautela de não amesquinhar o conteúdo, mas apenas ampliar a acessibilidade na compreensão, no debate e na operacionalização do tema. Uma maneira de fazer isso consiste em identificar os Títulos não pelas designações formais a eles atribuídas, mas por suas substâncias preponderantes, o que viabilizaria serem reduzidos a três núcleos: os dogmáticos, os estruturantes e os operacionais.

Os títulos dogmáticos são os relacionados aos valores considerados essenciais à Constituição, a ponto de transportarem metaforicamente para o mundo científico do direito o conceito de *dogma*, em geral tido como adequado para o plano da religião[4], considerando que a palavra significa verdade imutável e inquestionável. Aplica-se a metáfora a partir do entendimento de que a construção dos ordenamentos jurídicos tem sua base em valores considerados tão importantes que, para serem resguardados de forma estável e prolongada, são inseridos nas Constituições em dispositivos imutáveis ou, quando menos, de difícil modificação, usualmente conhecidos como cláusulas pétreas[5]. Na atual Constituição brasileira, comporiam o núcleo dogmático, por excelência, os Títulos I e II, visto que eles estão relacionados preferencialmente aos princípios, aos direitos e às garantias fundamentais.

Por outro lado, designam-se estruturantes os Títulos que formam a Constituição em sentido estrito e material, ou seja, a que evoca os primeiros textos dessa natureza, redigidos apenas com a compleição do Estado, evidenciando, por exemplo, se é unitário ou federado; destacando as pessoas políticas que o compõem, a exemplo de Estados-membros e municípios; e especificando os poderes que o regem, como o executivo, o legislativo e o judiciário, os órgãos essenciais, os de controle de contas, entre outros, bem como as autoridades que os integram, seus poderes, formas

---

[4] Cf., a esse respeito, Rodrigo Borja, *Enciclopedia de la política*, México: Fondo de Cultura Económica, 1998, pp. 334-6.

[5] Cf. J. J. Gomes Canotilho *et al.*, *Comentários à Constituição do Brasil*, São Paulo: Saraiva/Almedina, 2013, p. 1129: "Os limites materiais ao poder de reforma consistem em matérias que, em virtude de constituírem o cerne material de uma constituição, representando, pois, a própria identidade, são subtraídas à plena disposição do poder de reforma, ainda que atendidos os requisitos postos pelos limites de ordem formal e circunstancial. Sua função precípua, portanto, é a de preservar aquilo que também se chamou de elementos constitucionais essenciais (John Rawls) e, com isso, assegurar uma certa permanência e estabilidade do sistema e a manutenção, salvo substituição da Constituição por uma nova, do núcleo da obra do constituinte originário".

de investidura e de destituição⁶. Na atual Constituição do Brasil, as regras estruturantes estão abrigadas principalmente nos Títulos III, IV e V.

Quanto aos títulos operacionais, eles estão presentes nas Constituições de textos longos, também conhecidas como analíticas, que resultam do desejo incontido do legislador de conferir hierarquia constitucional ao máximo possível de normas. Esses títulos não se caracterizam propriamente pela ampliação de novas matérias dentro da Constituição, mas sobretudo por conterem a disciplina de efetivação das já especificadas, muito frequentemente com indicativos procedimentais de como devem ser efetivados os preceitos constantes nos títulos dogmáticos e estruturantes, o que evidencia forte desconfiança nos poderes constituídos e amplia a projeção da chamada Constituição dirigente⁷, entendida como a que orquestra de forma severa a atuação de administradores e legisladores ordinários. Na prolixa Constituição brasileira, os Títulos VI, VII, VIII, IX e X são preponderantemente operacionais.

Exposta uma ideia simplificadora de entendimento da Constituição brasileira, o desafio que se segue é o de, a partir do seu conteúdo, em termos não propriamente literais, mas substantivos, evidenciar, para o campo da cultura e dos direitos culturais: 1) seus principais dogmas; 2) o que, em relação a eles, está definido como atribuição do Estado e dos seus poderes; e, por fim, 3) os procedimentos determinados constitucionalmente no sentido de que se materializem na realidade.

OS DOGMAS CULTURAIS CONSTITUCIONAIS

Sendo o Brasil um *Estado* (palavra que significa estável), sua Constituição, por certo, abriga elementos que reafirmam a unidade que esse tipo de

---

⁶ Francis Hamon; Michel Troper e Georges Burdeau, *Direito constitucional*, Barueri: Manole, 2005, p. 10: "A constituição (ou direito constitucional), no sentido material, é então o conjunto de regras relativas à organização desse Estado, ou seja, relativas à designação dos homens que exercem esse poder, a suas competências, a suas relações mútuas".

⁷ J. J. Gomes Canotilho, *Constituição dirigente e vinculação do legislador*, Coimbra: Coimbra Editora, 1982, pp. 154-8.

organização pressupõe. No entanto, o texto de 1988 caracteriza-se por tentar promover a convivência entre valores que historicamente se postaram, quase sempre, em conflito uns com os outros. Essa característica equilibradora também pode ser percebida na descrição dos designados dogmas culturais constitucionais, que são: 1) diversidade cultural com resguardo de elementos identitários; 2) liberdade criativa e de expressão com responsabilidades pessoais; 3) abrangência meta-individual do patrimônio cultural com reconhecimento de grupos e indivíduos; e 4) reconhecimento da propriedade intelectual em equilíbrio com a sua função social e a sua natureza cultural, como será pormenorizado adiante.

Diversidade cultural com resguardo de elementos identitários
Em sentido amplo, um dos grandes dogmas constitucionais relacionados à cultura é o da diversidade com resguardo de elementos identitários. Nos termos da Norma Superior, a diversidade aparece incluída na ideia do pluralismo, içado ao *status* de fundamento da República (1º, V) e coadunado com a composição heterogênea da sociedade. Do ponto de vista operacional, essa dimensão se evidencia em comandos como o determinador de que "o Estado protegerá as manifestações das culturas populares, indígenas e afro-brasileiras, e das de outros grupos participantes do processo civilizatório nacional" (215, § 1º). O destaque para a letra "s", posta no final de algumas palavras, tem a finalidade de evidenciar a forte aderência da ideia em nossa Constituição, para a qual a diversidade não se resume à decantada trinca racial, pois há mais grupos étnicos além dos negros, brancos e índios. Do mesmo modo, existem coletividades que podem ser definidas e compreendidas por critérios não raciais, e no interior de cada uma dessas compartimentações, múltiplas formas de manifestações culturais que, além de distintas, podem ser até antagônicas entre si[8].

Todavia, a diversidade aparece nas prescrições constitucionais não apenas por inferência, mas também em literais menções nas quais são especificadas as suas manifestações de natureza étnica, regional (215, § 3º, V) e das

---
[8] Nelson Werneck Sodré, *Síntese de história da cultura brasileira*, Rio de Janeiro: Bertrand Brasil, 2003, p. 11.

expressões culturais (216-A, § 1º, I). Igualmente é o pluralismo que, antes mesmo de aparecer como um dos fundamentos das relações, com a adjetivação de político (1º, V), figura no preâmbulo da Constituição, ostentando a condição de ser uma das virtuosas características da sociedade, razão pela qual deve ser mantido. Outras variações de reconhecimento constitucional mencionam o pluralismo de ideias e de concepções pedagógicas (206), que aparecem apenas como exemplos de incontáveis maneiras de ele se manifestar.

A ampla diversidade cultural reconhecida pela Constituição brasileira, porém, não é ilimitada e nem absoluta, pois, se assim o fosse, o país dificilmente teria mecanismos de identidade, os quais aparecem tanto em alguns elementos da macroestrutura organizacional como em outros especificamente culturais. Exemplos dos primeiros são a indissolubilidade da federação (1º) e o expressivo rol de direitos fundamentais (5º ao 17), e dos segundos, o reconhecimento da família como base da sociedade, bem como a adoção de língua e símbolos oficiais. Esses merecem mais algum detalhamento, em virtude do foco deste livro.

Quanto à família, inicialmente convém rememorar sua dimensão cultural que, mesmo agigantada, passa muitas vezes despercebida nos estudos sobre a temática. Basta, para tanto, a lembrança de que nela ocorre todo o aprendizado inicial da cultura, a partir de elementos como a língua, o sotaque, a culinária, a moral, os padrões valorativos, religiosos, estéticos e tantos outros. Juridicamente definida como a base da sociedade e credora de especial proteção do Estado (226), na atual configuração constitucional, pode-se dizer que se situa no campo de interseção dos elementos tanto de diversidade como de unidade culturais.

A diversidade decorre da própria pluralidade de concepções, assentada no entendimento de que a entidade familiar é formada por qualquer um dos pais e seus descendentes (226, § 4º), o que, aliás, se amplia paulatinamente, sobretudo em decorrência de novos entendimentos doutrinários e jurisprudenciais. No entanto, elementos propriamente normativos, como a definição constitucional de que "os direitos e deveres referentes à sociedade conjugal são exercidos igualmente pelo homem e pela mulher" (226, § 5º), tornam a família, mesmo a mais tradicional, submetida à regência em que mais de uma visão de mundo tem expressão.

A família como matriz de unidade cultural decorre do fato de que, a partir da Constituição de 1988, ela, em qualquer configuração que adote, passou a ser tutelada em suas relações internas para assegurar direitos inerentes aos seus integrantes. Todas essas relações são regidas por princípios como o da "dignidade da pessoa humana e da paternidade responsável" (226, § 7º), bem como por regras que coíbem "a violência no âmbito de suas relações" (226, § 8º) e que asseguram assistência aos seus membros – crianças, adolescentes (227), idosos, desamparados, enfermos (229) ou os privados de liberdade (5º, LXXIII). Esse padrão jurídico imposto à família tem natural reflexo na definição de um modelo almejado pelo legislador.

Com relação aos símbolos enquanto elementos unificadores, a Constituição determina que representam a unidade cultural "da República Federativa do Brasil a bandeira, o hino, as armas e o selo nacionais" (13, § 1º) e, do mesmo modo, admite que "os estados, o Distrito Federal e os municípios poderão ter símbolos próprios" (13, § 2º). Note-se que cada um dos elementos mencionados é único no âmbito do ente político a que se refere, precisamente com o objetivo de atribuir-lhes a função de gerar identidades.

Para o outro grande elemento cultural de unidade, a Constituição estabeleceu que "a língua portuguesa é o idioma oficial da República Federativa do Brasil" (13), o que gera como resultado o fato de que todas as comunicações estatais, no plano interno, ocorrem a partir do léxico definido como oficial. Ainda como maneira de fortificar o idioma, força seu aprendizado na fase obrigatória de estudos, ao determinar que "o ensino fundamental regular será ministrado em língua portuguesa" (210, § 2º, primeira parte). Todavia, nesse particular, é "assegurada às comunidades indígenas também a utilização de suas línguas maternas e processos próprios de aprendizagem" (210, § 2º, segunda parte), o que se trata de uma exceção dentro do contexto maior, segundo o qual "são reconhecidos aos índios sua organização social, costumes, línguas, crenças e tradições, e os direitos originários sobre as terras que tradicionalmente ocupam, competindo à União demarcá-las, proteger e fazer respeitar todos os seus bens" (231).

Entretanto, a força unificadora da língua oficial tem projeções internacionais e chega a servir como um critério mais brando para definir a nacionalidade e o exercício de direitos políticos, ou seja, a cidadania. Isso pode ser constatado a partir da prescrição que reconhece "aos portugueses com residência permanente no país, se houver reciprocidade [...] os direitos inerentes ao brasileiro" (12, § 1º), salvo os próprios dos que são natos. Certamente, a deferência decorre do entrelaçamento histórico, cultural e linguístico de Brasil e Portugal, fato que se expande para outros países cujo elemento comum é a língua, e se manifesta juridicamente na enorme facilitação para adquirir a nacionalidade brasileira, exigindo-se "aos originários de países de língua portuguesa apenas residência por um ano ininterrupto e idoneidade moral" (12, II, a). Tais requisitos são bastante simples, se comparados às condições impostas aos demais estrangeiros de qualquer nacionalidade que queiram se naturalizar, pois é necessário que eles sejam "residentes na República Federativa do Brasil há mais de quinze anos ininterruptos e sem condenação penal, desde que requeiram a nacionalidade brasileira" (12, II, b). Vê-se, assim, que a adoção da língua oficial como critério cultural de identidade confere força jurídica aos versos do poeta apregoador de que "a minha pátria é a língua portuguesa"[9].

Liberdade criativa e de expressão com responsabilidades pessoais
Outro dogma que acompanha os direitos culturais é o da liberdade criativa e de expressão com responsabilidades pessoais pelos excessos relativos ao exercício desse direito, o qual, em termos positivos mais genéricos, está consagrado na fórmula asseguradora de que "é livre a manifestação do pensamento, sendo vedado o anonimato" (5º, IV). Isso possibilita a identificação de responsáveis por eventuais descomedimentos violadores de outros direitos individuais, uma vez que também "é assegurado o direito de resposta, proporcional ao agravo, além da indenização por dano material, moral ou à imagem" (5º, V), o que se transformaria em letra morta, se fosse admitida a manifestação anônima, ressalvado, porém, "o sigilo da fonte, quando necessário ao exercício profissional" (5º, XIV), bem como as mitigações quando da ocorrência de estado de sítio (139, III).

---

[9] Fernando Pessoa (pelo heterônimo Bernardo Soares), *Livro do desassossego*. Disponível em: <http://multipessoa.net/labirinto/bernardo-soares/19>. Acesso em: set. 2017.

Em termos culturais mais específicos, a Constituição assegura que "é livre a expressão da atividade intelectual, artística, científica e de comunicação, independentemente de censura ou licença" (5º, IX), sopesando as mencionadas liberdades a partir do reconhecimento de que "são invioláveis a intimidade, a vida privada, a honra e a imagem das pessoas, assegurado o direito a indenização pelo dano material ou moral decorrente de sua violação" (5º, X).

Nota-se que as liberdades culturais mencionadas são quatro, sendo a primeira delas a liberdade intelectual, que apressadamente poderia ser tomada apenas como gênero, do qual a artística, a científica e a de comunicação seriam as únicas espécies. Contudo, no contexto constitucional em que as liberdades se apresentam, tal conclusão não é plenamente exata, pois embora as três últimas resultem de atividades intelectuais, há outras oriundas da mesma matriz, como a literária, a de cátedra e a filosófica, não especificamente contempladas nesse momento da expressão constitucional. Desse modo, pode-se entender que o constituinte apenas quis destacar algumas das liberdades intelectuais, e certamente assim procedeu para evidenciar as que têm tratamento jurídico específico, permitindo a conclusão de que a liberdade intelectual pode ser entendida em duas acepções: uma ampla, em que efetivamente ela é o gênero de todas as liberdades da espécie; e outra estrita, também genérica, porém de menor abrangência, pois se refere apenas às liberdades culturais sem expressa menção constitucional, ao menos no Título dedicado aos direitos fundamentais.

A peculiaridade de cada liberdade cultural pode ser percebida nos distintos dimensionamentos que recebem, sendo uns mais amplos que outros. A manifestação da atividade científica, por exemplo, é fartamente enquadrada nas normas da dignidade da pessoa humana (1º, III) e da proteção do meio ambiente (225). Em outro enfoque, a liberdade de comunicação de ideias (220), de amplitude aparentemente sem fronteiras, é comedida pelos limites genéricos já referidos e por outros específicos: classificação etária e de meios, valores familiares, restrições a substâncias como tabaco, bebidas alcoólicas, agrotóxicos, medicamentos e terapias, além de indicativos preferenciais às finalidades educativas, artísticas, culturais e informativas; promoção da cultura nacional e regional e estímulo à produção independente que objetive sua divulgação; e regionalização da produção cultural, artística e jornalística, conforme percentuais estabelecidos em lei.

A divulgação do necessário equilíbrio entre a liberdade de manifestação e os outros direitos fundamentais que podem ser por ela afetados, o constituinte incumbiu a duas das estruturas de maior potencial de universalização do pensamento, que são o sistema educacional e o dos meios de comunicação de massa. Relativamente ao primeiro, estabelece que o ensino seja ministrado com base, entre outros, no princípio da "liberdade de aprender, ensinar, pesquisar e divulgar o pensamento, a arte e o saber" (206, II), embora se mantenha o "pluralismo de ideias e de concepções pedagógicas". No que concerne à comunicação social, definiu que "a manifestação do pensamento, a criação, a expressão e a informação, sob qualquer forma, processo ou veículo, não sofrerão qualquer restrição" (220), desde que observado o disposto na Constituição, ou seja, os limites por ela definidos.

O pertencimento simultaneamente difuso, comunitário e individual do patrimônio cultural

A Constituição de 1988, ao tratar de "patrimônio cultural", utiliza essa expressão *tout court* (216, § 4º) ou acompanhada dos adjetivos "brasileiro" (125, I; 216, *caput* e § 1º) e "local" (30, IX). Aparentemente, também o diferencia do "patrimônio histórico" (5º, LXXIII) e do "patrimônio artístico" (24, VII). Há, ademais, momentos em que o mescla, chamando-o de "histórico-cultural" (30, IX).

A indecisão terminológica do constituinte naturalmente sobrecarrega o hermeneuta do tema, mas, em compensação, esconde um grande e reluzente tesouro, ao qual se chega depois de serem mapeadas as trilhas do complicado labirinto constitucional. A metodologia para a empreitada parte das inquietações primárias, decorrentes da mais panorâmica observação do quadro, que imediatamente fazem suscitar questões como: o "patrimônio histórico" e o "patrimônio artístico" não são também integrantes do "patrimônio cultural"? Há diferença juridicamente relevante quando o texto constitucional se refere a "patrimônio cultural", se comparado com "patrimônio cultural brasileiro" e/ou "patrimônio cultural local"? Como tudo isso repercute em termos do dogma jurídico que cerca o assunto?

Responder à questão sobre a possibilidade de os patrimônios histórico e artístico integrarem o patrimônio cultural[10] é algo facilitado pelo Art. 216 da Constituição, que ao dar exemplos de bens que lhe são constitutivos, subsequentemente à cláusula geral e obrigatória da "referência à identidade, à ação, à memória dos diferentes grupos formadores da sociedade brasileira", especifica as criações artísticas (216, III) e os conjuntos urbanos e sítios de valor histórico (216, V). Considerando que as artes são mencionadas sem limitação e que os conjuntos e sítios referidos não têm valor por si, mas pela história que representam, impõe-se a conclusão que, mesmo diferentes, o patrimônio cultural é constitucionalmente adotado como gênero, integrado, entre outros, pelos patrimônios artístico e histórico. A especificação constitucional de cada um decorre da ênfase e da preponderância averiguada em cada situação concreta na qual se queira ou não formalizar o reconhecimento de certos bens para efeitos de proteção jurídica.

Por outro lado, na análise aprofundada sobre as diferentes formas, adjetivadas ou não, da expressão *patrimônio cultural*, concluir que cada variação constitucional é desprovida de significado próprio seria admitir o emprego inútil de palavras pelo legislador, o que não é o caso. Com essa convicção, entende-se que patrimônio cultural, expressão mais abrangente, abriga qualquer patrimônio dessa natureza, inclusive o chamado patrimônio cultural da humanidade, assim reconhecido por organismos internacionais, não importando se se localize no Brasil ou no exterior. *Patrimônio cultural brasileiro* é o que formalmente tem valor para todo o país, do mesmo modo que *patrimônio cultural local* é, em termos jurídicos mais estritos, atrelado a um município específico.

Embora tenha algo de norteadora, essa caracterização não esconde certos "vácuos" evidenciados quando se reflete que ela adota o critério da importância do patrimônio cultural vinculada a uma definida territorialidade. Constitucionalmente, não foram construídas adjetivações para aqueles bens que despertam interesse numa dimensão que está entre o

---

[10] Cf. Alois Riegl, *O culto moderno dos monumentos: a sua essência e a sua origem*, São Paulo: Perspectiva, 2014, p. 43: "Era absolutamente válida, do ponto de vista da Renascença italiana, a diferenciação dos monumentos não volíveis em monumentos de arte e monumentos históricos, que do ponto de vista moderno teve de ser rejeitada".

nacional e o municipal. Apesar desse vazio nominal, constata-se, por exemplo, a firme existência do *patrimônio estadual*, estabelecido no direito brasileiro de todas as unidades da federação.

A grande consequência dessas distintas adjetivações do patrimônio cultural se traduz na possibilidade de defesa jurídica, a partir do direito brasileiro, das suas múltiplas dimensões, inclusive a de patrimônio cultural da humanidade. Essa conclusão advém mais diretamente da análise do preceito constitucional que prevê a utilização da ação popular ajuizada no intuito de "anular ato lesivo ao patrimônio público ou de entidade de que o Estado participe, à moralidade administrativa, ao meio ambiente e ao patrimônio histórico e cultural" (5º, LXXIII). Note-se que, dos quatro bens mencionados na norma, apenas o patrimônio (total ou parcialmente) público e a moralidade administrativa estão ligados ao Estado e à administração brasileira, respectivamente. O meio ambiente e o patrimônio histórico e cultural não recebem tal limitação, o que é de todo compatível com suas naturezas. Porém, não se desconhecem as dificuldades inerentes à efetivação de direitos que envolvem o plano internacional, sobretudo em um país inadimplente em alto grau para com as próprias normas internas. Todavia, a dificuldade existente no plano dos fatos não elimina a relatada possibilidade no campo jurídico[11].

Vê-se, assim, que a proteção do patrimônio cultural é um dogma, garantido por meio de cláusula pétrea (5º, LXXIII), reconhecido, em sua integridade ou em dimensões mais restritas, como aquela que pertence a certo segmento (artístico e histórico, por exemplo) ou a um grupo específico formador da sociedade ou até mesmo aquela que desperta o agir de cada cidadão. Com esse proceder, a Constituição reconhece o pertencimento simultaneamente difuso, comunitário e individual do patrimônio cultural.

Reconhecimento da propriedade intelectual em equilíbrio com a sua função social e com a sua natureza cultural
A Constituição manteve assegurado o direito de propriedade, além de

---

[11] Cf. Humberto Cunha Filho (org.), *Proteção do patrimônio cultural brasileiro por meio do tombamento: estudo crítico e comparado das legislações estaduais – organizadas por regiões*, Fortaleza: EDUFC, 2013.

determinar, no âmbito de sua utilização, o cumprimento de função social (5º, XXII e XXIII). Entre os bens apropriáveis, estão os de natureza intelectual, representados pelas assim denominadas criações do espírito, mais concretamente vislumbrados nas marcas, nas patentes e nos cultivares, além das criações intelectuais, artísticas e científicas[12]. A mesma Constituição, ao assegurar o aproveitamento econômico das obras aos criadores, aos intérpretes e às respectivas representações sindicais (5º, XXVIII, b), bem como ao reconhecer o direito de herança, nesse domínio, pelo tempo que a lei fixar (5º, XXVII), enquadra os direitos de autor e os que a eles estão relacionados no plexo da propriedade intelectual. O destaque para os direitos mencionados é devido porque eles são reconhecidos também como integrantes do campo dos direitos culturais, seja por reconhecimento formal de documentos jurídicos, como a Declaração Universal dos Direitos Humanos (ONU, 1948), seja porque lidam com a normatividade atinente ao fluxo de obras artísticas.

Se quase não existe dúvida sobre o direito de propriedade em relação às criações intelectuais, também cresce o reconhecimento de que a propriedade tem uma função social a cumprir. No entanto, o significado de tal função e o modo de concretizá-la são objetos dos mais distintos entendimentos, os quais partem desde a defesa de que o benefício para a sociedade se concretiza com a simples divulgação da criação, o que tornaria factível o seu usufruto, até o estabelecimento de limites ou exceções em diferentes níveis da exploração econômica, como forma de garantir o acesso universalizado a tais bens.

Parte do embate certamente decorre do fato de que, para a propriedade intelectual, não há especificação de como deve ser cumprido o dito encargo. Aliás, em todo o texto da Constituição certos critérios de aferição do cumprimento da função social são especificados apenas quando ela disciplina a

---

[12] Cf. Luiz Gonzaga Silva Adolfo, *Obras privadas, benefícios coletivos: a dimensão pública do direito autoral na sociedade da informação*, Porto Alegre: Sergio Antonio Fabris, 2008, p. 165: "Como já visto antes, atualmente se aceita a utilização da expressão 'Direito da Propriedade Intelectual' como aquela área do direito relacionada à tutela das obras resultantes do esforço intelectual humano".

propriedade rural[13] (186), exigindo, segundo critérios e graus estabelecidos em lei: o aproveitamento racional e adequado; a utilização adequada dos recursos naturais disponíveis e a preservação do meio ambiente; a observância das disposições que regulam as relações de trabalho; e a exploração que favoreça o bem-estar dos proprietários e dos trabalhadores.

Mesmo considerando que cultura resulta de metáfora advinda de agricultura, os campos por óbvio não coincidem plenamente. Ainda assim, não se pode deixar de reconhecer que as balizas apresentadas têm natureza universal e, portanto, em alguma medida se prestam a reger a função social relativa a qualquer tipo de propriedade. Desse modo, racionalidade, adequação e respeito aos múltiplos e legítimos interesses no aproveitamento das matrizes culturais, bem como responsabilidade por seus efeitos, são valores que não soam estranhos para quem quer que seja e configuram um norte também para a propriedade intelectual. Ademais, prestam-se a reafirmar seu *status* jurídico, com o sopesamento social destacado, de dogma constitucional.

RESPONSABILIDADE CONSTITUCIONAL PELA EFETIVAÇÃO DOS DIREITOS CULTURAIS

Entre as estruturas operacionais, o Título VIII da Constituição brasileira é o que mais nitidamente especifica a macroestrutura de responsabilidades pela efetivação dos direitos sociais, econômicos e culturais. Portanto, conhecer sua estrutura é muito importante para vislumbrar a complexidade de assuntos sobre os quais ele versa. Esse Título possui oito capítulos com variada quantidade de seções para cada um. Em seu conjunto, está estruturado assim:

Título VIII – Da Ordem Social
    Capítulo I – Disposição Geral
    Capítulo II – Da Seguridade Social

---

[13] Ao tratar da propriedade urbana, no Art. 182, § 2º, a Constituição toca na questão da função social, mas o faz por meio de uma norma de eficácia limitada, ou seja, os critérios ficam na dependência da edição de lei. Literalmente: "A propriedade urbana cumpre sua função social quando atende às exigências fundamentais de ordenação da cidade expressas no plano diretor".

Seção I – Disposições Gerais
Seção II – Da Saúde
Seção III – Da Previdência Social
Seção IV – Da Assistência Social
Capítulo III – Da Educação, da Cultura e do Desporto
Seção I – Da Educação
Seção II – Da Cultura
Seção III – Do Desporto
Capítulo IV – Da Ciência, Tecnologia e Inovação
Capítulo V – Da Comunicação Social
Capítulo VI – Do Meio Ambiente
Capítulo VII – Da Família, da Criança, do Adolescente, do Jovem e do Idoso
Capítulo VIII – Dos Índios

Ao se referir aos direitos mencionados, indica os titulares, os devedores e demais atores que intervêm na relação, como pode ser visto no quadro a seguir:

DIREITO	TITULAR	DEVEDOR	INTERVENIENTE
Saúde (196)	Todos	Estado	
Assistência social (203)	A quem dela necessitar		
Educação (205)	Todos	Estado e família	Sociedade (colaboração)
Direitos culturais (215)	Todos	Estado (garantidor do pleno exercício)	Comunidade (colaboração)
Práticas esportivas (217)	Cada um	Estado (fomentador)	
Ciência e tecnologia (218)		Estado (promotor e incentivador)	
Meio ambiente ecologicamente equilibrado (225)	Povo (bem de uso comum)	Estado e coletividade (defesa e preservação)	

Focando especificamente os direitos culturais, nota-se que, segundo a Constituição, "todos", e não apenas os cidadãos, os titularizam, ou seja, são direitos que têm caráter efetivamente universal, o que espelha uma das características muito frequentemente imputadas aos direitos humanos. Em contrapartida, o papel do Estado não está apontado com a expressão "é dever...", mas indicado como aquele que garantirá a todos o pleno exercício. Essa fórmula permite a multiplicidade de comportamentos do Estado segundo aquilo que seja adequado para o cumprimento da obrigação a si imposta, podendo consistir, por exemplo, na prestação de serviços, na entrega de bens, na realização de estímulos e até em abstenções.

Do que foi dito, infere-se que o Estado tem deveres para com os direitos culturais, mas não apenas ele. Quem mais? Antes disso, sendo o Estado uma abstração que se manifesta por meio de pessoas jurídicas (também ficções) que concretizam os atos a partir das decisões de seus agentes, na complexa federação brasileira, qual o papel de cada um?

Se for adotada a mais simples divisão das tarefas jurídicas, colocando de um lado a criação das leis e do outro a sua execução, tanto uma como a outra são de responsabilidade de todos os entes da federação, mesmo que se observem certas verticalidades e assimetrias.

Para legislar sobre cultura, que é a matriz dos direitos culturais, a Constituição inicialmente a coloca como competência da União com os estados (24, VII, VIII e IX), cabendo à primeira editar as normas gerais sobre o assunto, e aos outros, suplementá-las. O município, que aparenta estar excluído da atividade normativa na temática, nela é integrado quando lhe são reconhecidas as competências para legislar sobre assuntos de interesse local, bem como a de suplementar a legislação federal e estadual, no que couber, para o desempenho de seus ofícios (30, I e II).

De fato, a execução das leis sobre a temática cultural é definida como competência comum de todos os entes da federação (23, III, IV e V), mas, nesse caso, inversamente, o município que se acredita gozar da plenitude executória sofre a restrição de "promover a proteção do patrimônio histórico-cultural local, observada a legislação e a ação fiscalizadora federal e estadual" (30, IX). Para o desenvolvimento das tarefas administrativas, não há regra constitucional especificando o papel de cada ente da federação, o que faz crescer a importância do Sistema Nacional de Cultura, uma vez que ele deve ser organizado em regime de colaboração, de forma descentralizada e participativa. Assim, institui-se um processo de gestão e promoção conjunta de políticas públicas de cultura, democráticas e permanentes, pactuadas entre os entes da federação e a sociedade, tendo por objetivo promover o desenvolvimento humano, social e econômico com pleno exercício dos direitos culturais (216-A). É pelo SNC, portanto, que se distribuem e se racionalizam as tarefas culturais, de modo a, idealmente, evitarem-se omissões ou atividades repetidas, muito frequentes quando uma mesma atribuição é confiada a mais de uma pessoa.

Se for observada a cadeia da criação e aplicação das normas relativas aos direitos culturais, chega-se às casas parlamentares e aos seus integrantes, aos poderes executivo e judiciário (incluindo as funções que lhes são essenciais) e a seus agentes, mas não é só isso. As responsabilidades culturais seguem o fluxo dos direitos de mesma natureza e, por conseguinte, são dos indivíduos, dos grupos e das coletividades. Isso não apenas pelo fato de que aos direitos correspondem deveres, mas por algumas indicações constitucionais expressas, como a que atribui a ação popular a todos os cidadãos (5º, LXXIII) e a que assegura aos grupos étnicos a prerrogativa de definir as datas comemorativas que entendam importantes (215, § 2º).

OS PROCEDIMENTOS CONSTITUCIONAIS CULTURAIS

Como dito anteriormente, os títulos operacionais caracterizam-se sobremaneira por estabelecerem o *modus operandi* dos direitos assegurados pela Constituição, especificando procedimentos e definindo estruturas de suporte em favor da eficácia jurídica, segundo a axiologia que os definiu. Por terem essas características predominantemente acessórias e instrumentais, de fato esses títulos disciplinam garantias, ou seja, instrumentos postos em favor da efetivação dos direitos.

No que concerne aos direitos culturais, distintas garantias podem ser vistas, sobretudo, mas não de forma exclusiva, nos títulos operacionais e, segundo a dimensão que possuem, podem ser classificadas como tópicas, abrangentes e macroestruturais, conforme se refiram a um, a alguns ou a todos os direitos dessa natureza.

Dentre as garantias tópicas, uma é especialmente destinada a incentivar a expressão musical e impedir que a União, os estados e o Distrito

Federal instituam impostos sobre fonogramas e videofonogramas musicais produzidos no Brasil que contenham obras musicais ou literomusicais de autores brasileiros e/ou obras em geral interpretadas por artistas brasileiros, bem como os suportes materiais ou arquivos digitais que os contenham, salvo na etapa de replicação industrial de mídias ópticas de leitura a laser (150, VI, e). Também tópicas, em favor do direito à memória, são as determinações constitucionais no sentido de que ficam tombados todos os documentos e os sítios detentores de reminiscências históricas dos antigos quilombos (216, § 5º) e de que cabem à administração pública, na forma da lei, a gestão da documentação governamental e as providências para franquear sua consulta a quantos dela necessitem (216, § 2º).

Aparentemente tópica, mas já no critério de garantias abrangentes, a Cons-tituição também especifica a imunidade tributária, relativamente a todos os entes da federação, estabelecendo que eles não podem instituir impostos sobre livros, jornais, periódicos e o papel destinado à sua impressão (150, VI, d). Nesse caso, não apenas a literatura é beneficiada, pois a prescrição, mesmo vista em sua dimensão mais tímida, tem "como finalidade a garantia e efetivação da livre manifestação do pensamento, da cultura e da produção cultural, científica e artística"[14].

Por seu turno, o bloco dos direitos culturais relacionados à memória coletiva recebe o reforço garantístico, em termos jurídicos, da ação popular, por meio da qual qualquer cidadão é parte legítima para propor a anulação de ato lesivo ao patrimônio histórico e cultural, ficando o autor, salvo comprovada má-fé, isento de custas judiciais e do ônus da sucumbência (5º, LXXIII). O patrimônio protegido pela mencionada garantia judicial é reconhecido como possuidor de natureza difusa e, como tal, também pode ser defendido por meio de ação civil pública a ser intentada pelo Ministério Público (129, III), bem como por terceiros, segundo o disposto na Constituição e nas leis (129, § 1º). Esse instrumental tem direta proteção com a ordem da Lei Maior para que os danos e as ameaças ao patrimônio cultural sejam punidos, na forma da lei (216, § 4º) e, em

---

[14] Alexandre de Moraes, *Constituição do Brasil interpretada e legislação constitucional*, São Paulo: Atlas, 2002, p. 1705.

sentido positivo, para que o Estado garanta a todos o pleno exercício dos direitos culturais (215) e proteja as manifestações das culturas de todos os grupos participantes do processo civilizatório nacional (215, § 1º).

No entanto, em direta proporção à gigantesca ampliação constitucional do patrimônio cultural (216), averiguou-se o crescimento dos instrumentos administrativos e legislativos postos para promovê-lo e protegê-lo: inventários, registros, vigilância, tombamento, desapropriação e outras formas de acautelamento e preservação. Vê-se que a Constituição deferiu especial confiança ao campo cultural, dando uma cláusula aberta ao legislador e ao administrador para criarem e implantarem instrumentos além dos previstos, desde que referidos instrumentos se mostrem aptos à realização dos objetivos acautelatórios e preservacionistas. Obviamente, como em qualquer ato de confiança, o beneficiado deve ser parcimonioso e somente fazer uso da possibilidade excepcional quando a situação assim se configurar.

Em termos macroestruturais, a Constituição contempla garantias que visam combater problemas históricos da gestão e da falta de eficácia dos direitos culturais observados em seu conjunto, como a falta de recursos financeiros, a ausência de continuidade de políticas que demandam essa característica e a baixíssima integração dos distintos atores com responsabilidades constitucionais pela cultura.

Para o primeiro dos males – a falta de recursos financeiros –, o texto originário da Constituição determinou o estabelecimento, por lei, de incentivos para a produção e o conhecimento de bens e valores culturais (216, § 3º), do que resultou, por exemplo, o Programa Nacional de Apoio à Cultura (Pronac) e seus similares estaduais e municipais. Foram criados também o chamado vale-cultura e o programa Cultura-Viva, cada um com virtudes consideráveis, porém sempre comprometidos por certas instabilidades, como a dependência de uma decisão empresarial favorável ou a impossibilidade de realização dos orçamentos originalmente previstos. Como suposto antídoto a essas fragilidades, por meio da Emenda Constitucional nº 42/2003, foi facultado aos estados e ao Distrito Federal vincular ao fundo estadual de fomento à cultura até 0,5% de sua receita tributária líquida para o financiamento de programas e projetos culturais, com certas blindagens para que os recursos não fossem aplicados em atividades-meio (216, § 6º). Contudo, o intento não foi bem-sucedido, pois nenhuma unidade da federação brasileira fez uso da faculdade em sua potencialidade máxima. Luta-se, há muito e principalmente após a constatação de insucesso da mencionada Emenda Constitucional, por uma efetiva vinculação tributária favorável à cultura, nos moldes já existentes para a educação e a saúde.

A instabilidade dos recursos financeiros é sempre causa de descontinuidade de muitas políticas, mas não é a única. Tão ou mais graves são a ausência de planejamento ou o voluntarismo do gestor de plantão, que com ele faz nascer as ações que lhe apetecem, as quais igualmente sucumbem com o seu afastamento. Esses dois últimos problemas receberam o enfrentamento direto da Emenda Constitucional nº 48/2005, ao determinar o estabelecimento, por lei, do Plano Nacional de Cultura (PNC), de duração plurianual, visando ao desenvolvimento cultural do país e à integração das ações do poder público, conducentes à efetivação dos direitos culturais (215, § 3º). A ideia principal é a de dar estabilidade legal àquilo que, no campo cultural, deve ter continuidade e, por essa razão, receber mais que o aval do governo presente, que é o respaldo do próprio Estado, enquanto estrutura estável.

Como visto, o próprio PNC aponta para a integração dos entes públicos, a fim de que cumpram racional e harmonicamente as atribuições constitucionais comuns (administrativas) e concorrentes (legislativas) relativas à cultura, visto que, a despeito dos comandos constitucionais nesse sentido, a realidade mostra ser muito baixo o nível de partilha de responsabilidades dos atores mencionados. O reforço ampliado para esse objetivo surge com a Emenda Constitucional nº 71/2012, criadora do Sistema Nacional de Cultura (216-A), que deve ser articulado com os demais sistemas nacionais e políticas setoriais de governo (216-A, § 3º), incluindo os sistemas de cultura dos estados, do Distrito Federal e dos municípios, a serem criados em leis próprias (216-A, § 4º).

Nota-se, assim, que o material até aqui apresentado é bastante amplo, porém, não passa, em termos de positivação, de *tête de chapitre*, cujos desdobramentos formam um mar de normas relativas aos direitos culturais, que devem ser conhecidas na sua aplicabilidade cotidiana em momentos e obras para tanto oportunos.

7. DIREITOS CULTURAIS E POLÍTICAS PÚBLICAS

UM EMBATE HISTÓRICO

As políticas públicas de cultura são uma realidade planetária, mas com frequência recebem questionamentos de certos setores da sociedade que, retomando ideias antigas, advogam um Estado mínimo para a seara cultural, sob o argumento mais visível de que essa esfera é exclusiva da sociedade e dos indivíduos e de que toda atuação estatal carrega a potencialidade de dirigismo e, portanto, de arbítrio. Percebe-se de imediato que essa concepção oferece o forte risco de possuir defeitos que a maculam, como a desatualização da percepção do fenômeno de que trata e por ser contrária ao desenvolvimento cultural a partir do suporte público.

Para investigar se essas suposições são verdadeiras, inicialmente faremos um resgate histórico do debate sobre a adoção ou não de políticas públicas culturais, indo à raiz dessa disputa, que sabemos ser dos países liberais com os comunitaristas, supostamente adeptos, respectivamente, das liberdades culturais e da cultura como elemento identitário a ser fortemente estimulado.

Outro passo na investigação em favor da busca de respostas foi o de resgatar o crescimento quantitativo e qualitativo dos *direitos culturais* em documentos jurídicos internacionais, a exemplo de declarações e convenções que, no todo ou em parte, dedicam-se à questão, para saber como eles correlacionam os mencionados direitos com as políticas públicas culturais.

Tivemos idêntico procedimento com relação à vigente Constituição do Brasil, a que, como visto no capítulo anterior, mais dispositivos dedicou à cultura e que introduziu em nossa história constitucional a expressão direitos culturais, justamente em uma seção específica para o tema; nesse caso, observamos não apenas o texto normativo, mas a própria lógica que a constituição cidadã adota para as políticas públicas culturais, que é a de conduzi-las por parâmetros democráticos e por autoridades que devem conquistar legitimamente o exercício do poder e, em consequência, a prerrogativa e a obrigação de realizar ações na mencionada seara.

POLÍTICAS CULTURAIS: TER OU NÃO TER?

No ano de 2016, em especial, os admiradores da boa literatura, da dramaturgia e das reflexões humanísticas lembraram com reverência, mas ao mesmo tempo sem tristeza, os quatrocentos anos da morte de William Shakespeare, autor cultuado por seus méritos, em virtude dos quais lhe é creditada "a invenção do humano"[1]. Dentre as suas muitas criações, está *Hamlet* – merecedor do codinome de "poema ilimitado"[2] –, que expressa inquietudes atemporais, particularmente intensas, numa sociedade e numa civilização do espetáculo[3], como estas em que vivemos, as quais dificilmente conseguem solucionar o dilema de "ser ou não ser" que se abate sobre as opções de vida, tanto no plano individual como no coletivo, por nunca se ter certeza sobre o fato de serem factíveis ou utópicas.

Uma dessas indecisões, por considerável período, esteve atrelada às políticas públicas culturais, quando os intelectuais e políticos de muitos países as questionaram e se posicionaram contra ou a favor de sua adoção pelos Estados. Porém, antes de rememorar esse embate, faz-se necessário lançar a compreensão básica do que sejam as mencionadas políticas, a fim de que se partilhe com o leitor o sentido adotado nesse texto para facilitar a compreensão.

---

[1] Harold Bloom, *Shakespeare: a invenção do humano*, Rio de Janeiro: Objetiva, 2001.

[2] *Idem, Hamlet: poema ilimitado*, Rio de Janeiro: Objetiva, 2004.

[3] Mario Vargas Llosa, *A civilização do espetáculo*, Rio de Janeiro: Objetiva, 2013; Guy Debord, *A sociedade do espetáculo*, Rio de Janeiro: Contraponto, 1997.

Partindo-se do entendimento de que "não existe uma única, nem melhor, definição sobre o que seja política pública"[4], compreendemos, doravante, que é a atuação estatal planejada, em termos de ação ou omissão, que tem por objetivo o desenvolvimento de determinado setor integrante das relações sociopolíticas, em cumprimento ao que legitimamente determina a legislação. Todavia, admitimos de pronto que a definição proposta tem algo de datado, localizado e idealizado; mesmo assim, fica sustentada diante do fato de que uma definição não é algo preciso como um conceito, mas apenas uma aceitável aproximação da ideia que deseja veicular.

A datação aludida vincula a definição proposta à contemporaneidade, pois só muito recentemente se obteve o controle e se exige planejamento estatal. Quanto à localização, vislumbramos referir-se ao estado de direito democrático, pois é balizado não apenas por leis, pura e simplesmente, mas por normas dotadas de legitimidade. E no que atine à idealização, está na própria harmonia do quadro desenhado, pois a realidade mostra, com frequência indesejável, mesmo no *tempus* e no *locus* mencionados, improvisos, excessos e violações legais.

De fato, trata-se aqui de um conjunto de elementos que na história humana são recentes, a começar pelo Estado ocidental, um tipo de organização política surgida a partir dos tratados de Westfália, cujo advento, em nítida paráfrase a Hobbes, Fukuyama identifica como "a chegada do Leviatã"[5], para fazer referência à sua natureza absolutista. Mais recente ainda, portanto, é o Estado controlado pelas constituições e leis, de perfil essencialmente garantidor de liberdades, que por sua vez é mais velho que o Estado prestacional (o que entrega bens e serviços) e regido por planejamento de suas políticas. Dentre elas, no âmbito das mais recentes, estão as de natureza cultural, por variadas razões, mas cujas principais são vinculadas à própria ideia de liberalismo[6].

---

[4] Celina Souza, Políticas públicas: uma revisão da literatura, *Sociologias*, Porto Alegre: jul.-dez. 2006, ano 8, n. 16, p. 24.

[5] Francis Fukuyama, *As origens da ordem política: dos tempos pré-humanos até a Revolução Francesa*, Rio de Janeiro: Rocco, 2013, p.100.

[6] Nina Ranieri, *Teoria do Estado: do Estado de Direito ao Estado Democrático de Direito*, São Paulo: Manole, 2013, p. 97.

Na origem do Estado de Direito é verificada a convicção de que obter uma esfera indevassável em favor do indivíduo já representava grande conquista; esse espaço seria composto pelas liberdades básicas, outrora inexistentes. Para assegurar as liberdades de crença e consciência, o Estado nada precisaria fazer de positivo, mas apenas se abster, o que perdurou por longo período e fez acrescer ao liberalismo político o liberalismo econômico, assentado nas máximas *laisser-faire, laisser-passer*, responsável por desigualdades e exclusões, o que demandou futuras atitudes corretivas que, em última análise, foram as construtoras daquilo que veio a ser chamado de Estado social.

Justo quando se iniciou o debate e a disputa entre o Estado liberal e o Estado social, tornaram-se também aguerridas as convicções antagônicas sobre a adequação ou inadequação de serem adotadas políticas culturais. Os argumentos contrários, dos liberais (e assim continuam os neoliberais), giram em torno da ideia de que a esfera social por excelência é a da cultura, com a qual a sociedade decide os rumos que almeja tomar, sendo, portanto, ilegítimo qualquer controle por parte do Estado. Os argumentos favoráveis, geralmente emanados de defensores de regimes comunitaristas, assim entendidos os que almejam maior coesão social e ampliação de direitos coletivos, em distintas gradações, métodos e finalidades gerais, como o comunismo, o socialismo e o fascismo, entendiam imprescindível a adoção de políticas culturais, como principal instrumento favorecedor da identidade cultural, indispensável a causas como unidade nacional e ideológica.

Essa assertiva, porém, para evitar os riscos dos simplismos das comparações rasas, enseja que repitamos a advertência feita por Bobbio, Matteucci e Pasquino[7] sobre a ambiguidade da linguagem política, resultante de fatores como a própria ancianidade de certos termos, que ganham novos significados com o passar do tempo, bem como da comutação de entendimentos, propiciadas por múltiplas razões, como as culturais e as ideológicas:

---

[7] Norberto Bobbio; Nicola Matteucci e Gianfranco Pasquino, *Dicionário de política*, Brasília: Editora da UnB, 1998, p. V.

> PALAVRAS COM SENTIDO MAIS PROPRIAMENTE TÉCNICO, COMO SÃO TODOS OS "ISMOS" EM QUE É RICA A LINGUAGEM POLÍTICA – "SOCIALISMO", "COMUNISMO", "FASCISMO", "PERONISMO", "MARXISMO", "LENINISMO", "STALINISMO", ETC. –, INDICAM FENÔMENOS HISTÓRICOS TÃO COMPLEXOS E ELABORAÇÕES DOUTRINAIS TÃO CONTROVERTIDAS QUE NÃO DEIXAM DE SER SUSCETÍVEIS DAS MAIS DIFERENTES INTERPRETAÇÕES[8].

Tal embate perdurou intensamente desde o início das primeiras constituições sociais e chegou até o período da chamada Guerra Fria, evento que, na seara cultural, ultrapassou a corrida armamentista[9], encontrando síntese na obra de Norberto Bobbio, o qual equacionou a querela a partir da construção da diferença entre política da cultura e política cultural, assim entendidas: "a *política da cultura*, como política dos homens de cultura em defesa das condições de existência e de desenvolvimento da cultura, se opõe à *política cultural*, ou seja, à planificação da cultura por parte dos políticos"[10].

Com a substância desse entendimento, a despeito do rótulo adotado, Bobbio tornou teoricamente evidente algo que as Constituições integradoras de "valores sociais do trabalho e da livre iniciativa" transformaram em normas jurídicas, ao consagrarem a existência de políticas para o setor cultural, na medida em que tais políticas efetivem mandamentos como o de que "é livre a expressão da atividade intelectual, artística, científica e de comunicação, independentemente de censura ou licença", bem como de que se crie "fomento à produção, difusão e circulação de conhecimento e bens culturais"[11].

Assim, a dúvida sobre ter ou não ter políticas culturais encontra-se superada, pois elas devem existir até mesmo para, na mais acanhada das

---

[8] *Ibidem.*

[9] Frances Stonor Saunders, *The Cultural Cold War: The CIA and the World of Arts and Letters*, London: The New Press, 2000.

[10] Norberto Bobbio; Nicola Matteucci e Gianfranco Pasquino, *Dicionário de política*, op. cit., p. 91 (grifos dos autores).

[11] *Constituição da República Federativa do Brasil de 1988*. Disponível em: <http://www.planalto.gov.br/ccivil_03/constituicao/constituicao.htm>. Acesso em: maio 2020.

hipóteses, balizar as abstinências do Estado. A questão agora reside na intensidade e direção de tais políticas, para que sejam instrumentos de efetivação dos direitos culturais.

DIREITOS CULTURAIS: GERAÇÕES E POLÍTICAS PÚBLICAS

Para a adequada compreensão e desenvolvimento deste conteúdo, é necessário que retomemos, de forma sintética e por outra perspectiva, algo explorado no Capítulo 2, mais precisamente no tópico "Localização dimensional: a presença dos direitos culturais nas 'diversas' gerações de direitos".

Como visto anteriormente, a conquista e o reconhecimento de direitos ao longo da história tornam-se mais fáceis de ser compreendidos se forem percebidas as gerações (atualmente prefere-se a expressão "dimensões") em que eles se inserem. Discute-se muito a quantidade de gerações já vivenciadas, mas pelo menos três são consensuais: uma primeira corresponderia aos direitos humanos, que afirmaram as liberdades, inclusive as culturais, cujo documento básico é a Declaração dos Direitos do Homem e do Cidadão, de 1789. A segunda é expressamente a dos direitos sociais, econômicos e *culturais*, consolidada com a Declaração Universal dos Direitos Humanos, de 1948, caracterizada a partir da entrega, pelo Estado, de bens e serviços públicos, principalmente aos mais necessitados, em favor de maior igualdade material entre as pessoas. A terceira geração, baseada em múltiplos documentos, como a Declaração Universal Sobre a Diversidade Cultural, de 2001, direciona-se ao reconhecimento de valores que vão além de interesses individuais e têm natureza supraestatal e que, por isso, estabelecem a necessidade de atos de solidariedade, princípio que, segundo Comparato, "prende-se à ideia de responsabilidade de todos pelas carências ou necessidades de qualquer indivíduo ou grupo social", as quais também devem ser supridas "pela execução de políticas públicas, destinadas a garantir amparo e proteção social aos mais fracos e mais pobres; ou seja, aqueles que não dispõem de recursos próprios para viver dignamente"[12].

---

[12] Fábio Konder Comparato, *A afirmação histórica dos Direitos Humanos*, São Paulo: Saraiva, 2015, p. 79.

Reiteramos, portanto, a partir dos exemplos mencionados, a presença de direitos culturais em todas as gerações de direitos[13]. Quanto às indicações normativas para a adoção de políticas públicas, são crescentes em proporção direta à classificação ordinal de cada geração de direitos. Da mencionada Declaração dos Direitos do Homem e do Cidadão, extraímos do seu 2º artigo que "a finalidade de toda associação política é a conservação dos direitos naturais e imprescritíveis do homem. Esses direitos são a liberdade, a propriedade, a segurança e a resistência à opressão"[14], significando, na concepção dos que redigiram a Declaração-farol, que o Estado deveria atuar, ou seja, desenvolver políticas, favoravelmente aos direitos que foram considerados primordiais.

Relativamente à Declaração Universal dos Direitos Humanos, a ideia de direito a políticas públicas fica evidente em trechos como o do Artigo XXII, que assegura:

> TODO SER HUMANO, COMO MEMBRO DA SOCIEDADE, TEM DIREITO À SEGURANÇA SOCIAL, À REALIZAÇÃO PELO ESFORÇO NACIONAL, PELA COOPERAÇÃO INTERNACIONAL E DE ACORDO COM A ORGANIZAÇÃO E RECURSOS DE CADA ESTADO, DOS DIREITOS *ECONÔMICOS*, SOCIAIS E *CULTURAIS* INDISPENSÁVEIS À SUA DIGNIDADE E AO LIVRE DESENVOLVIMENTO DA SUA PERSONALIDADE[15].

Por seu turno, a Declaração Universal Sobre a Diversidade Cultural, seguindo a tendência da Organização de "promover o debate internacional [...] e lançar documentos e ações que buscam analisar, orientar e incentivar

---

[13] Francis Humberto Cunha Filho, *Direitos culturais como direitos fundamentais no ordenamento jurídico brasileiro*, Brasília: Brasília Jurídica, 2000, p. 63; e Jesús Prieto de Pedro, Direitos culturais, o filho pródigo dos Diretos Humanos, *Revista Observatório Itaú Cultural*, São Paulo: jan.-abr. 2011, n. 11, p. 43.

[14] Declaração dos Direitos do Homem e do Cidadão. Disponível em: <http://www.direitoshumanos.usp.br/>. Acesso em: maio 2020.

[15] Declaração Universal dos Direitos Humanos. Disponível em: <https://www.unicef.org/brazil/declaracao-universal-dos-direitos-humanos>. Acesso em: maio 2020. (Grifos meus.)

a prática de políticas culturais de seus países-membros"[16], não somente foi explícita quanto às mencionadas políticas, mas as entendeu como obrigação dos Estados, definindo essas situações em dispositivo específico, adiante transcrito:

> ARTIGO 9º - AS POLÍTICAS CULTURAIS COMO CATALISADORES DA CRIATIVIDADE
> AO MESMO TEMPO QUE ASSEGURAM A LIVRE CIRCULAÇÃO DAS IDEIAS E DOS TRABALHOS, AS POLÍTICAS CULTURAIS DEVERÃO CRIAR CONDIÇÕES FAVORÁVEIS À PRODUÇÃO E DIFUSÃO DE BENS E SERVIÇOS CULTURAIS DIVERSIFICADOS ATRAVÉS DE INDÚSTRIAS CULTURAIS COM MEIOS PARA SE AFIRMAR A NÍVEL LOCAL E GLOBAL. INCUMBE A CADA ESTADO, TENDO DEVIDAMENTE EM CONTA AS SUAS OBRIGAÇÕES INTERNACIONAIS, DEFINIR A SUA POLÍTICA CULTURAL E EXECUTÁ-LA ATRAVÉS DOS MEIOS QUE CONSIDERE ADEQUADOS, SEJA PRESTANDO APOIO OPERACIONAL SEJA PROCEDENDO A UMA REGULAMENTAÇÃO APROPRIADA[17].

Se as Declarações, tidas por muitos como portadoras de mais densidade política que jurídica, indicam de forma implícita ou explícita a necessidade de adoção de políticas públicas favoráveis aos direitos humanos em geral e aos direitos culturais em específico, com mais intensidade esse tipo de comando aos poderes públicos é visto em documentos que se incorporam ao direito dos Estados como norma interna, que podem adquirir até mesmo o *status* constitucional, se não supralegal.

Constitui exemplo a Convenção para a Proteção do Patrimônio Mundial, Cultural e Natural, adotada pela Conferência Geral da Organização das Nações Unidas para a Educação, a Ciência e a Cultura, reunida em Paris, de 17 de outubro a 21 de novembro de 1972, incorporada

---

[16] Alexandre Barbalho, *Política cultural e desentendimento*, Fortaleza: IBDCult, 2016, p. 39.

[17] Declaração Universal Sobre a Diversidade Cultural. Disponível em: <https://docplayer.com.br/115497664-Declaracao-universal-sobre-a-diversidade-cultural.html>. Acesso em: maio 2020.

ao ordenamento jurídico do Brasil pelo Decreto Legislativo n. 74, de 30 de junho de 1977 e promulgada pelo Decreto n. 80.978, de 12 de dezembro de 1977.

Ao definir as atribuições dos Estados signatários, a Convenção estabelece, no seu Artigo 4, que a eles compete identificar, proteger, conservar, valorizar e transmitir às gerações futuras o patrimônio cultural e natural situado em seu território, fazendo uso de recursos próprios, se necessário, mediante assistência e cooperação internacionais, em múltiplos planos, especialmente no financeiro, no artístico, no científico e no técnico. A previsão dessas ações leva a uma clara recomendação, contida no artigo 5º, item (a), para que se empenhem no sentido de "adotar uma política geral com vistas a atribuir função ao patrimônio cultural e natural na vida coletiva e a integrar sua proteção aos programas de planejamento"[18].

Em vários outros documentos internacionais está reiterada essa relação entre a necessidade de políticas públicas para a concretização dos direitos culturais sobre os quais versam, como os adiante relacionados: 1954 – Convenção para a Proteção dos Bens Culturais em caso de Conflito Armado com Regulamento de Execução da dita Convenção; 1970 – Convenção Relativa às Medidas a Serem Adotadas para Proibir e Impedir a Importação, Exportação e Transferência de Propriedades Ilícitas dos Bens Culturais; 2003 – Convenção para a Salvaguarda do Patrimônio Cultural Imaterial; e 2005 – Convenção sobre a Proteção e Promoção da Diversidade das Expressões Culturais.

DIREITOS E POLÍTICAS CULTURAIS NA CONSTITUIÇÃO DE 1988

Se os documentos de matriz internacional foram paulatinamente especificando os direitos culturais e demandando políticas públicas para sua realização, não foi diferente com a vigente Constituição brasileira, promulgada em 5 de outubro de 1988, como documento jurídico-político instituidor de

---

[18] Convenção para a Proteção do Patrimônio Mundial, Cultural e Natural. Disponível em: <https://unesdoc.unesco.org/ark:/48223/pf0000133369_por>. Acesso em: maio 2020.

uma democracia pluralista no país. De fato, trata-se de uma Constituição que possui muitos dispositivos dedicados aos direitos culturais, visto em suas distintas manifestações específicas – direitos concernentes às artes, à memória coletiva e ao fluxo dos saberes – mas, principalmente, como unidade ou bloco jurídico, cuja existência é perceptível na ordem constitucional para que o Estado garanta a todos os mencionados direitos.

Postas essas premissas, e considerando as grandes categorias doutrinariamente definidas para os direitos culturais – criação, acesso, difusão, liberdades culturais, formação e proteção do patrimônio cultural[19] –, o que intentamos, doravante, não é relacionar nem pormenorizar os aludidos direitos, nem mesmo os circunscritos à Constituição, mas enfatizar os mais importantes indicativos constitucionais para a sua concretização, que invariavelmente redundam em políticas públicas. Antes, porém, convém acentuar que a estrutura pensada para a Carta Política de 1988 a transforma em uma Constituição processual, ou seja, que não chegou pronta, mas vai se fazendo ao longo do tempo por meio de emendas constitucionais, as quais atualmente já superam uma centena, fato que, para quem não percebe seu bloco de estabilidade, leva à equivocada conclusão de que se trata de uma norma superior que não propicia segurança jurídica.

O equívoco dessa conclusão aparece quando se omite o fato de que, ao lado das partes modificáveis da Constituição, existem outras insuprimíveis, mais conhecidas como cláusulas pétreas (Art. 60), que abrigam tudo o que se refere à forma federativa de Estado; ao voto direto, secreto, universal e periódico; à separação dos Poderes; e aos direitos e garantias individuais. Em palavras interpretativas, as múltiplas mudanças no texto constitucional estão balizadas de modo a resguardar e até incrementar a federação, a democracia, o controle da autoridade e o exercício da cidadania. Algumas dessas mudanças na Constituição recaíram sobre a seara dos direitos culturais e se direcionaram para o sentido antevisto, ou seja, de incrementar a efetivação, sobretudo pela adoção de políticas públicas, conforme especificamos um pouco mais adiante.

Todavia, no próprio texto originário da Constituição há indicativos

---

[19] José Afonso da Silva, *Curso de Direto Constitucional Positivo*, São Paulo: Malheiros, 1993, p. 280.

para a adoção de políticas públicas de cultura, sendo que um deles está na distribuição de atribuições aos entes da Federação, principalmente no que concerne ao aspecto administrativo, previstas no artigo 23, do qual extraímos ser da competência comum da União, dos estados, do Distrito Federal e dos municípios: proteger os documentos, as obras e outros bens de valor histórico, artístico e cultural, os monumentos, as paisagens naturais notáveis e os sítios arqueológicos (III); impedir a evasão, a destruição e a descaracterização de obras de arte e de outros bens de valor histórico, artístico ou cultural (IV); e proporcionar os meios de acesso à cultura, à educação, à ciência, à tecnologia, à pesquisa e à inovação (V). A realização dessas atividades demanda inexoravelmente a construção de políticas públicas que, ademais, são complexas, por envolverem uma multiplicidade de entes políticos autônomos e que por isso são melhor equacionáveis por meio de interação sistêmica.

Essa demanda pela especificação de papéis dos entes públicos no cumprimento de suas obrigações relativas aos direitos culturais certamente foi a principal força motriz para a promulgação de emendas constitucionais introdutoras de bases sólidas para o planejamento e a ação estatal. Uma delas foi a EC nº 48/2005, que fez acrescer ao artigo 215 – o que abre a seção constitucional da cultura – o § 3º, no qual está determinado que a lei estabelecerá o Plano Nacional de Cultura, de duração plurianual, visando ao desenvolvimento cultural do país e à integração das ações do poder público que conduzem à: defesa e valorização do patrimônio cultural brasileiro; produção, promoção e difusão de bens culturais; formação de pessoal qualificado para a gestão da cultura em suas múltiplas dimensões; democratização do acesso aos bens de cultura; e valorização da diversidade étnica e regional.

No mesmo sentido de explicitar ainda mais a necessidade de ação política planejada, a EC nº 71/2012 acresceu mais um artigo à parte que a Constituição dedica à cultura, o 216-A, em cujo *caput* foi especificado o Sistema Nacional de Cultura, fundamentado na política nacional de cultura e nas suas diretrizes, estabelecidas no Plano Nacional de Cultura, do seguinte modo:

> O SISTEMA NACIONAL DE CULTURA, ORGANIZADO EM REGIME DE COLABORAÇÃO, DE FORMA DESCENTRALIZADA E PARTICIPATIVA, INSTITUI UM PROCESSO DE GESTÃO E PROMOÇÃO CONJUNTA DE *POLÍTICAS PÚBLICAS DE CULTURA*, DEMOCRÁTICAS E PERMANENTES, PACTUADAS ENTRE OS ENTES DA FEDERAÇÃO E A SOCIEDADE, TENDO POR *OBJETIVO* PROMOVER O DESENVOLVIMENTO HUMANO, SOCIAL E ECONÔMICO COM *PLENO EXERCÍCIO DOS DIREITOS CULTURAIS*[20].

O que antes estava no plano do implícito, porque mesmo sem especificar a nomenclatura, a própria partilha de responsabilidades legislativas e administrativas em matéria cultural, feita pelo texto originário da Constituição, calcada que é numa estrutura de federalismo cooperativista[21], já continha um sistema de cultura. No entanto, o detalhamento propiciado pela EC n. 71/2012 fez ver, com todas as letras, que dentre os objetivos das políticas públicas de cultura está o de propiciar o pleno exercício dos direitos culturais, assentado em princípios que reafirmam importantes valores, a saber: diversidade das expressões culturais; universalização do acesso aos bens e serviços culturais; fomento à produção, difusão e circulação de conhecimento e bens culturais; cooperação entre os entes federados, os agentes públicos e privados atuantes na área cultural; integração e interação na execução das políticas, programas, projetos e ações desenvolvidas; complementaridade nos papéis dos agentes culturais; transversalidade das políticas culturais; autonomia dos entes federados e das instituições da sociedade civil; transparência e compartilhamento das informações; democratização dos processos decisórios com participação e controle social; descentralização articulada e pactuada da gestão, dos recursos e das ações; ampliação progressiva dos recursos contidos nos orçamentos públicos para a cultura.

---

[20] Disponível em: <http://www.senado.leg.br/atividade/const/con1988/CON1988_15.09.2015/art_216-A.asp>. Acesso em: maio 2020. (Grifos meus.)

[21] Francis Humberto Cunha Filho, *Federalismo cultural e Sistema Nacional de Cultura: contribuição ao debate*, Fortaleza: Edições UFC, 2010.

Reafirma a imperiosidade das políticas públicas culturais a estrutura de órgãos e instrumentos do Sistema Nacional de Cultura, cujas existências são justificadas pelo desempenho e suporte a tal mister: órgãos gestores da cultura; conselhos de política cultural; conferências de cultura; comissões intergestores; planos de cultura; sistemas de financiamento à cultura; sistemas de informações e indicadores culturais; programas de formação na área da cultura; e sistemas setoriais de cultura.

AS NORMAS CULTURAIS E A DEMANDA POR POLÍTICAS PÚBLICAS

O que até agora foi exposto deixa perceber que a vigente Lei Maior do Brasil, quanto aos comandos que emite para a concretização dos direitos, pretensamente se enquadra no conceito difundido pela doutrina portuguesa de *constituição dirigente*, aquela que se caracteriza, sem meias-palavras, por ter pouca confiança na política e por isso orquestra diretamente a atuação dos poderes constituídos, indicando "o que deve (e pode)", ordenando "aos órgãos legiferantes o que deve (como e quando deve) fazer o legislador para cumprir, de forma regular, adequada e oportuna, as imposições constitucionais"[22]. Os efeitos de tal concepção são tão impactantes sobre a cotidianidade dos direitos que um de seus principais construtores, o mencionado jurista lusitano Gomes Canotilho, retrocedeu, ao menos parcialmente, na sua formulação.

Efetivamente, anular a ação contemporânea dos poderes constituídos, legitimamente eleitos a partir de programas apresentados aos cidadãos, corresponde, na hipótese mais branda, a privar a coletividade política da dinâmica social e da possibilidade de vivenciar novos experimentos para a solução de seus problemas, o que é tanto mais grave quanto atinge setores cuja razão de ser reside fortemente na potencialidade das mutações, como é o caso da cultura.

---

[22] José Gomes Canotilho, *Constituição dirigente e vinculação do legislador: contributo para a compreensão das normas constitucionais programáticas*, Coimbra: Coimbra Editora, 1994, p. 11.

As constituições dirigentes são explicadas, dentre outros fatores, pela tentativa de romper com um passado no qual as *cartas de direitos* inseridas ou referidas nas Leis Fundamentais eram consideradas pautas políticas a serem realizadas quando fosse possível e conveniente. Esse entendimento adiava indefinidamente a concretização de direitos, cuja existência passava a ser considerada apenas uma ficção. Por isso a ideia de constituição dirigente se fez acompanhar de reforços, como o que figura no § 2º do artigo 5º da Constituição Brasileira de 1988, segundo o qual "as normas definidoras dos direitos e garantias fundamentais têm aplicação imediata". Assim, a ânsia por concretização das conquistas jurídico-sociais induziu a uma interpretação de que as autoridades eleitas têm por dever concretizar imediatamente aquilo que a Constituição determina, o que não deixa de ser verdade. Entretanto, é algo que, se interpretado literalmente, se desconsiderada uma compreensão sistêmica, produz tantos efeitos colaterais que tornam questionável o intento principal. Dentre tais efeitos danosos, merecem destaque a fuga da realidade, o desprestígio da política e o abandono da dinamicidade da vida coletiva.

A fuga da realidade reside em muitos pontos; um deles é o de imaginar que um texto jurídico permanece o mesmo desde o momento em que é escrito para o que é interpretado e principalmente aplicado. Concretizar a Constituição é algo tão mutável quanto as possibilidades de entender seus preceitos, que são potencialmente infinitas, principalmente quando se abraçam ideias como a de que ela é aberta aos múltiplos intérpretes sociais[23]. Outra fuga da realidade é averiguada quando esquecemos que, metaforicamente, o legislador constituinte localiza muito de suas normas na linha do horizonte[24], o que as faz ampliar as exigências de concretização com muita frequência, algo que dificilmente pode ser acompanhado pelos gestores da realidade *hic et nunc* (do aqui e do agora).

---

[23] Peter Häberle, *Hermenêutica constitucional: a sociedade aberta dos intérpretes da Constituição – contribuição para a interpretação pluralista e procedimental da Constituição*, Porto Alegre: Sérgio Antônio Fabris, 1997.

[24] Um exemplo desse tipo de norma é o do Art. 3º, I, segundo o qual um dos objetivos da nossa República é o de "construir uma sociedade livre, justa e solidária", o qual inspira sempre a demanda por graus mais elevados de políticas públicas relacionadas aos referidos bens e valores.

Em face dessa dificuldade, a solução aparece quase retórica com os conceitos de *reserva do possível* e *mínimo essencial*[25], os quais representam, em suma, as ideias de que, se o poder público tem limitações materiais para cumprir seu deveres, deve se organizar para garantir ao menos o básico de cada um deles.

O desprestígio da política e o abandono da dinamicidade da vida coletiva são problemas essencialmente imbricados e emanados, o mais das vezes, das fontes conservadoras do *status quo*, que com acentuada frequência usam de falácias e confusões semânticas para esse objetivo. A mais comum delas é a de divulgar exaustivamente a corrupção de políticos, querendo fazer entender que ela é própria da política e que, portanto, aquela matriz é maléfica à vida em sociedade, razão pela qual querem impor a ideia de que deve ser substituída por coisas como a técnica, a ciência e o direito que, não à toa, estão sob seu controle.

Em verdade, no bastante difundido dizer de Aristóteles, *anthropos physei politikon zoon*, ou seja, a política é inexorável ao ser humano, não como uma maldição que o acompanha, mas na condição de instrumento que dá possibilidade de definir, de distintas formas, o modo de viver em coletividade. Assim, dentre as potências da política está a propiciar a dinamicidade da vida coletiva, encontrando ou ao menos buscando soluções contemporâneas para os problemas presentes. Significa que a política é indispensável à cultura, sobretudo quando entendida como a potencialidade de desenvolver o *cultivo* pessoal e social, expressão a ser entendida em suas dimensões reais e metafóricas.

O aprofundamento das ideias de constituição dirigente e da aplicabilidade imediata de suas normas, ao invés de redimensionar, desqualificou aquilo que a doutrina chama de *normas constitucionais de eficácia limitada e normas programáticas*[26], aquelas que mais diretamente se atrelam às deliberações da política atual e atualizável. O redimensionamento desejável consistiria em não permitir demoras, omissões e sabotagens por parte dos que receberam a incumbência de adotar providências determinadas

---

[25] José Gomes Canotilho, *Comentários à Constituição do Brasil*, São Paulo: Saraiva, 2013, p. 127.

[26] José Afonso da Silva, *Aplicabilidade das normas constitucionais*, São Paulo: Malheiros, 2007.

pela Constituição, entendimento reforçado pela existência de mecanismos corretivos como o mandado de injunção (art. 5º, LXXI) e ação direta de inconstitucionalidade por omissão (art. 103, § 2º). As ineficiências e falhas dos poderes constituídos jamais poderiam ser, como vêm sendo, um álibi para eliminar a intermediação da política e a homologação de um poder que necessariamente se comuta em autoritário, por ser exercido sem contrastes, correspondente às estruturas oficialmente aquinhoadas com a prerrogativa de interpretar oficialmente a Constituição.

As normas de eficácia limitada são vistas quando a Constituição cria um direito, mas estabelece, direta ou indiretamente, que os detalhes de como pode ser usufruído devem ser definidos pelo legislador, a exemplo da seguinte passagem da seção da cultura: "A lei estabelecerá incentivos para a produção e o conhecimento de bens e valores culturais" (art. 216, § 3º). Que incentivos serão estabelecidos? Fiscais? Estruturais? Pecuniários? Reconhecimentos? Por quanto tempo? Quem faz jus? Que procedimentos devem ser adotados? Essas definições são da política, inclusive em favor da concorrência entre grupos distintos, para que a cidadania possa fazer suas opções.

Lógica muito semelhante preside as normas programáticas, com a peculiaridade de que nelas o papel dos poderes constituídos é ainda mais amplo, pois a Constituição lhes dá um crédito de confiança para definirem todo um programa, a partir de determinações ainda mais abertas, como a que estabelece que "o Estado garantirá a todos o pleno exercício dos direitos culturais e acesso às fontes da cultura nacional, e apoiará e incentivará a valorização e a difusão das manifestações culturais" (art. 215). Que estratégias devem ser adotadas? Que compreensão devemos ter dos núcleos indicados? Que novos elementos surgiram para dimensionar os direitos culturais e as problemáticas que enfrentam? Em síntese, os legitimamente investidos no poder têm o dever e o direito de propor um programa com base no qual a sociedade deve obter respostas para os direitos indicados, dessa forma, na Constituição.

AUTONOMIA E RETROALIMENTAÇÃO

Podemos dizer que, ao menos normativamente e pelo parâmetro da Declaração Universal dos Direitos Humanos, os direitos culturais já vêm sendo construídos a pelo menos dois terços de um século, mas com dificuldades adicionais relativamente aos demais blocos de direitos, seja pela complexidade dos temas que comporta ou, ainda, por razões ideológicas que envolvem delicados conceitos como liberdade, identidade, diversidade e dirigismo.

No desenrolar desse percurso, diversos outros documentos jurídicos de matriz internacional foram especificando espécies dos mencionados direitos, dando-lhes maior concretude e visibilidade, principalmente por demandar, em favor da sua universalização, o planejamento e execução de políticas culturais.

Esse paradigma foi adotado e aprofundado com a vigente Constituição brasileira, não somente em seu texto originário, mas sobretudo com o seu aprimoramento processual, feito por múltiplas emendas constitucionais, como as que tornaram obrigatórios os planos de cultura e especificaram os preceitos norteadores de uma organização sistêmica dos entes da federação e das entidades sociais.

Desse modo, por expressas disposições normativas, confirmamos que as políticas públicas de cultura formam importante instrumental da concretização dos direitos culturais, mas possuem algo de importância intrínseca e autônoma: portam, em potência, o lastro de atualização legítima das formas pelas quais a cidadania sintoniza-se com as novas realidades e os novos tempos.

Com essa característica adicional, as políticas públicas revelam o outro lado da moeda, possibilitando construir uma hipótese inversa àquela que foi mais fartamente apresentada neste capítulo: de instrumento de efetivação passam a ser fontes criadoras de novos direitos culturais, tese a ser desenvolvida e eventualmente comprovada em estudo próprio a ser futuramente encetado.

REFERÊNCIAS BIBLIOGRÁFICAS

ADEODATO, João Maurício. "Pressupostos e diferenças de um direito dogmaticamente organizado". *In: Boletim da Faculdade de Direito de Coimbra*. Coimbra: Coimbra Editora, 2000.
ADOLFO, Luiz Gonzaga Silva. *Obras privadas, benefícios coletivos: a dimensão pública do direito autoral na sociedade da informação*. Porto Alegre: Sergio Antonio Fabris, 2008.
ALEXY, Robert. *Teoria dos direitos fundamentais*. Trad. Virgílio Afonso da Silva. São Paulo: Malheiros, 2006.
AMADO, Gilberto. *Eleição e representação*. Brasília: Senado Federal, 1999.
ANDRADE, Fábio Siebeneichler. *Da codificação: crônica de um conceito*. Porto Alegre: Livraria do Advogado, 1997.
ARENDT, Hannah. *A condição humana*. Trad. Roberto Raposo. 10. ed. Rio de Janeiro: Forense Universitária, 2008.
ASCENSÃO, José de Oliveira. *O direito: introdução e teoria geral: uma perspectiva luso--brasileira*. Lisboa: Fundação Calouste Gulbenkian, 1983.
BARBALHO, Alexandre. *Política cultural e desentendimento*. Fortaleza: IBDCult, 2016.
_____. *Relações entre Estado e cultura no Brasil*. Ijuí: Unijuí, 1998.
BARROSO, Luís Roberto. *O direito constitucional e a efetividade de suas normas: limites e possibilidades da Constituição brasileira*. Rio de Janeiro: Renovar, 2000.
BASTOS, Celso Ribeiro; MARTINS, Ives Gandra. *Comentários à Constituição do Brasil: promulgada em 5 de outubro de 1988*. São Paulo: Saraiva, 1989.
BLOCH, Ernst. *Droit naturel et dignité humaine*. Trad. Authier e Jean Lacoste. Paris: Payot, 1976.
BLOOM, Harold. *Hamlet: poema ilimitado*. Rio de Janeiro: Objetiva, 2004.
_____. *Shakespeare: a invenção do humano*. Rio de Janeiro: Objetiva, 2001.
BOBBIO, Norberto. *Teoria geral da política: a filosofia política e as lições dos clássicos*. Trad. Daniela Beccaccia Versiani. Rio de Janeiro: Campus, 2000.
_____. *A era dos direitos*. Trad. Carlos Nelson Coutinho. Rio de Janeiro: Elsevier, 2004.
_____. *Política e cultura*. São Paulo: Editora Unesp, 2015.

BONAVIDES, Paulo. *Ciência política*. São Paulo: Malheiros, 1994.

_____. *Curso de direito constitucional*. São Paulo: Malheiros, 1994.

_____. *Teoria do Estado*. São Paulo: Malheiros, 1995.

BORJA, Rodrigo. *Enciclopedia de la política*. México: Fondo de Cultura Económica, 1998.

BRANDÃO, Junito de Souza. *Mitologia grega*. 18. ed. Petrópolis: Vozes, 2009.

BRASIL. Constituição da República Federativa do Brasil de 1988. Disponível em: <http://www.planalto.gov.br/ccivil_03/constituicao/constituicao.htm>. Acesso em: maio 2020.

BURKE, Edmund. *Reflexões sobre a Revolução na França*. Trad. Renato de Assumpção Faria, Denis Fontes de Souza Pinto e Carmen Lídia Richter Ribeiro Moura. Brasília: UnB, 1982.

CALDAS, Waldenyr. *O que todo cidadão precisa saber sobre cultura*. Global: São Paulo, 1986.

CANOTILHO, José Joaquim Gomes. *Constituição dirigente e vinculação do legislador*. Coimbra: Coimbra Editora, 1982.

_____. *Direito constitucional*. Coimbra: Livraria Almedina, 1991.

_____ et al. *Comentários à Constituição do Brasil*. São Paulo: Saraiva/Almedina, 2013.

CARVALHO, Kildare Gonçalves. *Curso de direito constitucional didático*. Belo Horizonte: Del Rey, 1997.

CHAUÍ, Marilena. *Cultura e democracia: o discurso competente e outras falas*. São Paulo: Cortez, 2001.

_____. *Cidadania cultural*. São Paulo: Fundação Perseu Abramo, 2006.

COELHO, Teixeira. *Dicionário crítico de política cultural*. São Paulo: Fapesp/Iluminuras, 1999.

_____. *A cultura e seu contrário: cultura, arte e política pós-2001*. São Paulo: Iluminuras/Itaú Cultural, 2008.

COMPARATO, Fábio Konder. "Fundamentos dos direitos humanos: a noção jurídica de fundamento e sua importância em matéria de direitos humanos". *Revista Consulex*. Brasília: 2000, ano IV, n. 48.

_____. *A afirmação histórica dos Direitos Humanos*. 10. ed. São Paulo: Saraiva, 2015. VitalSource Bookshelf Online.

COOLEY, Thomas. *Princípios gerais de direito constitucional dos Estados Unidos da América*. São Paulo: Revista dos Tribunais, 1982.

COTTA, Maurizio. Representação política. In: BOBBIO, Norberto et al. *Dicionário de política*. Trad. Carmen C. Varriale et al. Brasília: UnB, 1994.

COULANGES, Fustel de. *A cidade antiga*. São Paulo: Martin Claret, 2001.

CUNHA FILHO, Humberto. "A participação popular na formação da vontade do Estado: um direito fundamental". In: GUERRA FILHO, Willis Santiago. *Dos direitos humanos aos direitos fundamentais*. Porto Alegre: Livraria do Advogado, 1997.

_____. *Direitos culturais como direitos fundamentais no ordenamento jurídico brasileiro*. Brasília: Brasília Jurídica, 2000.

_____. *Teoria e prática da gestão cultural*. Fortaleza: Unifor, 2002.

_____. "Direitos culturais no Brasil". *Revista Observatório Itaú Cultural/OIC*. São Paulo: 2011, n. 11.

_____. *Cultura e democracia na Constituição Federal de 1988: a representação de interesses e sua aplicação ao Programa Nacional de Apoio à Cultura – Pronac*. Rio de Janeiro: Letra Legal, 2004.

_____. *Federalismo cultural e Sistema Nacional de Cultura: contribuição ao debate*. Fortaleza: Edições UFC, 2010.

_____ (org.). *Proteção do patrimônio cultural brasileiro por meio do tombamento: estudo crítico e comparado das legislações estaduais – organizadas por regiões*. Fortaleza: EDUFC, 2013.

DALLARI, Dalmo de Abreu. *Elementos de teoria geral do Estado*. São Paulo: Saraiva, 1991.

DEBORD, Guy. *A sociedade do espetáculo*. Rio de Janeiro: Contraponto, 1997.

DI PIETRO, Maria Sylvia Zanella. *Parcerias na administração pública: concessão, permissão, franquia, terceirização e outras formas*. São Paulo: Atlas, 2002.

DUVERGER, Maurice. *Introdução à política*. Trad. Mário Delgado. Lisboa: Estúdios Cor, 1964.

EDGAR, Andrew; SEDGWICK, Peter (eds.). *Teoria cultural de A a Z: conceitos-chave para entender o mundo contemporâneo*. São Paulo: Contexto, 2003.

EHRLICH, Eugen. *Fundamentos da sociologia do direito*. Brasília: UnB, 1986.

ENCICLOPÉDIA *Mirador Internacional*. v. 7. São Paulo/Rio de Janeiro: Encyclopædia Britannica do Brasil, 1986.

FARHAT, Said. *Dicionário parlamentar e político: o processo político e legislativo no Brasil*. São Paulo: Fundação Peirópolis/Melhoramentos, 1996.

FAUSTO, Boris. *História do Brasil*. São Paulo: Edusp, 2001.

FERNANDES, José Ricardo Oriá. *O direito à memória: a proteção jurídica ao patrimônio histórico-cultural brasileiro*. 188f. Dissertação (Mestrado em direito público) – Universidade Federal do Ceará. Fortaleza: 1995.

FERREIRA, António Gomes. *Dicionário de Latim-Português*. Porto: Porto Editora, 1966.

FERREIRA, Pinto. *Curso de direito constitucional*. São Paulo: Saraiva, 1999.

FERREIRA, W. J. *Comentários à Constituição de 1988*. São Paulo: Julex Livros, 1989.

FERRY, Luc. *Aprender a viver: filosofia para os novos tempos*. Trad. Vera Lúcia dos Reis. Rio de Janeiro: Objetiva, 2010.

FIGUEIREDO, Genuíno Amazonas de. "A cidadania em Roma". In: *A cidadania na Grécia e em Roma*. Brasília: Senado Federal/Centro de Estudos Estratégicos/Ministério da Ciência e Tecnologia, 2002.

FRANÇA. *Declaração dos Direitos do Homem e do Cidadão (1789)*. Disponível em: <http://www.direitoshumanos.usp.br/>. Acesso em: 1º jul. 2016.

FUKUYAMA, Francis. *As origens da ordem política: dos tempos pré-humanos até a Revolução Francesa*. Rio de Janeiro: Rocco, 2013.

GOMES, Mércio Pereira. *Antropologia: ciência do homem, filosofia da cultura*. São Paulo: Contexto, 2014.

GOYARD-FABRE, Simone. *O que é democracia?* Trad. Cláudia Berliner. São Paulo: Martins Fontes, 2003.

GRAU, Eros Roberto. *A ordem econômica na Constituição de 1988*. São Paulo: Malheiros, 1997.

GRIGORIÁN, L. et al. *Conocimientos básicos acerca de la constitución soviética*. Moscou: Progreso, 1980.

GUERRA FILHO, Willis Santiago. "Direitos fundamentais, processo e princípio da proporcionalidade". In: *Dos direitos humanos aos direitos fundamentais*. Porto Alegre: Livraria do Advogado, 1997.

_____. *Processo constitucional e direitos fundamentais*. São Paulo: Celso Bastos, 1999.

HÄBERLE, Peter. *Le libertà fondamentali nello stato costituzionale*. Roma: La Nuova Itália Scientifica, 1993.

_____. *Hermenêutica constitucional: a sociedade aberta dos intérpretes da constituição: contribuição para a interpretação pluralista e "procedimental" da constituição*. Trad. Gilmar Ferreira Mendes. Porto Alegre: Sérgio Antônio Fabris, 1997.

_____. *El Estado constitucional*. Trad. Héctor Fix-Fierro. Buenos Aires: Astrea, 2007.

HAMILTON, Alexander; MADISON, James; JAY, John. *El federalista*. México: Fondo de Cultura Económica, 2001.

HAMON, Francis; TROPER, Michel; BURDEAU, Georges. *Direito constitucional*. Trad. Carlos Souza. Barueri: Manole, 2005.

HAUSER, Arnold. *História social da arte e da literatura*. São Paulo: Martins Fontes, 2000.

HEGEL, Jorge Guillermo Federico. *Filosofía de la historia universal*. Trad. J. Gaos. Madrid: Revista de Occidente, 1928.

HEILBRONER, Robert. *A história do pensamento econômico*. São Paulo: Nova Cultural, 1996.

HERRERA FLORES, Joaquín. *A reinvenção dos direitos humanos*. Trad. Carlos Roberto Diogo Garcia, Antônio Henrique Graciano Suxberger e Jefferson Aparecido Dias. Florianópolis: Fundação Boiteux, 2009.

HOUAISS, Antônio; VILLAR, Mauro de Sales. *Dicionário Houaiss da Língua Portuguesa*. Rio de Janeiro: Objetiva, 2001.

IHERING, Rudolf von. *A luta pelo direito*. Trad. Pietro Nassetti. São Paulo: Martin Claret, 2000.

JAEGER, Werner. *Paideia: a formação do homem grego*. Martins Fontes: São Paulo, 1995.

JELLINEK, Georg. *Teoría general del Estado*. Trad. Fernando de los Rios. México: FCE, 2000.

JOSEPH, Irmã Miriam. *O Trivium – as artes liberais da lógica, gramática e retórica: entendendo a natureza e a função da linguagem*. São Paulo: É, 2011.

KANT, Immanuel. *Crítica da razão pura*. Trad. Valério Rohden e Udo Baldur Moosburger. São Paulo: Nova Cultural, 1991. Coleção Os Pensadores.

_____ et al. *A paz perpétua: um projeto para hoje*. Trad. J. Guinsburg. São Paulo: Perspectiva, 2004.

KANTOROWICZ, Ernst H. *Os dois corpos do rei: um estudo sobre teologia política medieval*. São Paulo: Companhia das Letras, 1998.

KELSEN, Hans. *Teoria pura do direito*. São Paulo: Martins Fontes, 1994.

_____. *A democracia*. Trad. Vera Barkow *et al*. São Paulo: Martins Fontes, 2000.

KOLARSKA-BOBIŃSKA, Lena. "Social Interests and their Political Representation: Poland in Transition". *The British Journal of Sociology*. London: 1994, v. 45, n. 1.

KRUSCHEV, Nikita. *Kruschev e a cultura*. Rio de Janeiro: Cadernos Brasileiros, 1963, n. 4.

LASSALLE, Ferdinand. *A essência da Constituição*. Rio de Janeiro: Lumen Juris, 2000.

LEBRETON, Gilles. *La Démocratie participative: enjeux et réalités*. Paris: L'Harmattan, 2013.

LIMA, Martonio Mont'Alverne Barreto. "Jurisdição constitucional: um problema da teoria da democracia política". *In: Teoria da Constituição: estudos sobre o lugar da política no direito constitucional*. Rio de Janeiro: Lumen Juris, 2003.

LOCKE, John. *Ensaio acerca do entendimento humano: segundo tratado sobre o governo*. São Paulo: Nova Cultural, 1991.

LONGLEY, Lawrence D. "Interest Group Interaction in a Legislative System". *The Journal of Politics*. Florida: 1967, v. 29.

LOPES, Ana Maria D'Ávila. *A contribuição da teoria do multiculturalismo para a defesa dos direitos fundamentais dos indígenas brasileiros*. Disponível em: <http://www.conpedi.org.br/manaus/arquivos/anais/manaus/estado_dir_povos_ana_marma_lopes.pdf>. Acesso em: set. 2017.

MARX, Karl; ENGELS, Friedrich. *Manifesto do Partido Comunista*. São Paulo: Martin Claret, 2000.

MELLO, Celso Antônio Bandeira de. *Curso de direito administrativo*. 8ª ed. São Paulo: Malheiros, 1996.

MENDES, Gilmar Ferreira. *Direitos fundamentais e controle da constitucionalidade: estudos de direito constitucional*. São Paulo: Celso Bastos Editor/Instituto Brasileiro de Direito Constitucional, 1999.

_____; COELHO, Inocêncio Mártires; BRANCO, Paulo Gustavo Gonet. *Hermenêutica constitucional e direitos fundamentais*. Brasília: Brasília Jurídica, 2000.

MEREU, Ítalo. *A morte como pena: ensaio sobre a violência legal*. Trad. Cristina Sarteschi. São Paulo: Martins Fontes, 2005.

MICHILES, Carlos *et al*. *Cidadão constituinte: a saga das emendas populares*. Rio de Janeiro: Paz e Terra, 1989.

MILL, John Stuart. *O governo representativo*. Trad. E. Jacy Monteiro. São Paulo: Ibrasa, 1983.
MIRANDA, Jorge. *Manual de direito constitucional*. Tomo IV. Coimbra: Coimbra Editora, 1993.
MONNIER, Sophie; FOREY, Elsa (com a participação de Gaëlle Kulig). *Droit de la culture*. Paris: Gualino, 2009.
MORAES, Alexandre de. *Constituição do Brasil interpretada e legislação constitucional*. São Paulo: Atlas, 2002.
MORE, Thomas. *Utopia*. Trad. Luís de Andrade. São Paulo: Nova Cultural, 1997.
MOSSÉ, Claude. *Atenas: a história de uma democracia*. Brasília: UnB, 1997.
MÜLLER, Friedrich. *Quem é o povo: a questão fundamental da democracia*. 3. ed. Trad. Peter Naumann. São Paulo: Max Limonad, 2003.
NEVES, Marcelo. *A constitucionalização simbólica*. São Paulo: Acadêmica, 1994.
NIETZSCHE, Friedrich. *Pré-Socráticos: Anaximandro de Mileto*. Trad. Rubens Rodrigues Torres Filho. São Paulo: Nova Cultural, 1991. Coleção Os Pensadores.
ONU. *Declaração Universal dos Direitos Humanos (1948)*. Disponível em: <https://www.unicef.org/brazil/declaracao-universal-dos-direitos-humanos>. Acesso em: maio 2020.
ORTEGA, Antonio César. "Corporatismo e novas formas de representação de interesses na agricultura: uma abordagem teórica". *Revista de Economia e Sociologia Rural*. São Paulo: 1998, v. 36, n. 4.
PEDRO, Jesús Prieto de. "Derecho a la cultura e industrias culturales". In: *Economia y cultura: la tercera cara de la moneda*. Bogotá: Convenio Andrés Bello, 2001.
_____. *Direitos culturais, o filho pródigo dos Direitos Humanos*. Revista Observatório Itaú Cultural. São Paulo: jan.-abr. 2011, n. 11.
PESSOA, Fernando (pelo heterônimo Bernardo Soares). *Livro do desassossego*. Disponível em: <http://multipessoa.net/labirinto/bernardo-soares/19>. Acesso em: set. 2017.
POLETTI, Ronaldo. *Constituições brasileiras: 1934*. Brasília: Senado Federal, 1999.
PONTIER, Jean-Marie; RICCI, Jean-Claude; BOURDON, Jacques. *Droit de la culture*. Paris: Dalloz, 1990.
POPPER, Karl Raimund. *Textos escolhidos*. Trad. David Miller e Vera Ribeiro. Rio de Janeiro: Contraponto/PUC-Rio, 2010.
PRÉLOT, Marcel. *Sociologie politique*. Paris: Dalloz, 1973.
RANIERI, Nina. *Teoria do Estado: do Estado de Direito ao Estado Democrático de Direito*. São Paulo: Manole, 2013.
REALE, Miguel. *Cinco temas do culturalismo*. São Paulo: Saraiva, 2000.
REIS, Ana Carla Fonseca. *Marketing cultural e financiamento da cultura*. São Paulo: Pioneira Thomson Learning, 2003.
RIEGL, Alois. *O culto moderno dos monumentos: a sua essência e a sua origem*. Trad. Werner Rothschild Davidson e Anat Falbel. São Paulo: Perspectiva, 2014.

ROCHA, Cármem Lúcia Antunes. *Princípios constitucionais da administração pública.* Belo Horizonte: Del Rey, 1994.

ROCHA, José de Albuquerque. *Estudos sobre o Poder Judiciário.* São Paulo: Malheiros, 1995.

RODRIGUES, Leda Boechat. *A Corte de Warren (1953-1969): revolução constitucional.* Rio de Janeiro: Civilização Brasileira, 1991.

ROUSSEAU, Jean-Jacques. *O contrato social e outros escritos.* Trad. Rolando Roque da Silva. São Paulo: Cultrix, [s. d.].

SANDRONI, Paulo. *Dicionário de economia e administração.* São Paulo: Nova Cultural, 1996.

SANTOS, José Luis dos. *O que é cultura.* São Paulo: Brasiliense, 1983.

SAUNDERS, Frances Stonor. *The Cultural Cold War: The CIA and the World of Arts and Letters.* Londres: The New Press, [s. d].

SAVRANSKI, I. *A cultura e as suas funções.* Moscou: Progresso, 1986.

SCHMITT, Carl. *Teoría de la constitución.* Trad. Francisco Ayala. Madri: Alianza, 1996.

SIEYÈS, Emmanuel Joseph. *A constituinte burguesa: o que é o terceiro Estado?* Rio de Janeiro: Liber Juris, 1988.

SILVA, José Afonso da. *Curso de direito constitucional positivo.* São Paulo: Malheiros, 1993.

_____. *Ordenação constitucional da cultura.* São Paulo: Malheiros, 2001.

_____. *Comentário contextual à constituição.* São Paulo: Malheiros, 2006.

_____. Aplicabilidade das normas constitucionais. São Paulo: Malheiros, 2007.

SOARES, Inês Virgínia Prado. *Direito ao (do) patrimônio cultural brasileiro.* Belo Horizonte: Forum, 2009.

SODRÉ, Nelson Werneck. *Síntese de história da cultura brasileira.* 20. ed. Rio de Janeiro: Bertrand Brasil, 2003.

SOUZA, Celina. *Políticas públicas: uma revisão da literatura.* Sociologias. Porto Alegre: jul.-dez. 2006, ano 8, n. 16.

STEPHANOU, Alexandre Ayub. *Censura no regime militar e militarização das artes.* Porto Alegre: EDIPUCRS, 2001.

TAVARES, Ana Lucia de Lyra. *A Constituinte de 1934 e a representação profissional: estudo de direito comparado.* Rio de Janeiro: Forense, 1988.

TAVARES, André Ramos. *Curso de direito constitucional.* São Paulo: Saraiva, 2006.

TOCQUEVILLE, Alexis de. *O Antigo Regime e a Revolução.* Trad. Yvonne Jean. Brasília: UnB, 1997.

UNESCO. *Declaração Universal Sobre a Diversidade Cultural (2001).* Disponível em: <https://docplayer.com.br/115497664-Declaracao-universal-sobre-a-diversidade-cultural.html>. Acesso em: maio 2020.

VARGAS LLOSA, Mario. A civilização do espetáculo. Rio de Janeiro: Objetiva, 2013.

VASCONCELOS, Arnaldo. *Teoria pura do direito: repasse crítico de seus principais fundamentos.* Rio de Janeiro: Forense, 2003.

SOBRE O AUTOR

Humberto Cunha Filho é Bacharel (UNIFOR), Mestre (UFCE) e Doutor (UFPE) em direito. Na condição de Visiting Fellow desenvolveu, simultaneamente, estudos pós-doutorais no Dipartimento di Giurisprudenza della Università degli Studi di Milano – Bicocca (UNIMIB). É professor titular do Programa de Pós-Graduação em Direito Constitucional da Universidade de Fortaleza (UNIFOR), onde lidera o Grupo de Estudos e Pesquisas em Direitos Culturais. É Presidente de Honra do Instituto Brasileiro de Direitos Culturais (IBDCult) e Advogado da União.

Fontes Novecento, Caslon Pro, Scala Sans
Papel Alta Alvura 90 g/m²
Impressão Type Brasil Qualidade em Gráfica e Editora Ltda.
Data dezembro de 2020